Léon Bollack

GRAMMAIRE ABRÉGÉE

DE

LA LANGUE BLEUE

— BOLAK —

LANGUE INTERNATIONALE PRATIQUE

Le besoin crée l'organe.

PARIS

ÉDITIONS DE
LA LANGUE BLEUE
147, Avenue Malakoff.

BOLAK DITORT
Malakof Boo, 147.

1900

La Langue Bleue

Léon Bollack

GRAMMAIRE ABRÉGÉE,

DE

La Langue Bleue

— BOLAK —

LANGUE INTERNATIONALE PRATIQUE

Le besoin crée l'organe.

PARIS

| ÉDITIONS DE
LA LANGUE BLEUE
147, Avenue Malakoff. | **BOLAK DITORT**
Malakof Rov, 147. |

1900

A MES ENFANTS AIMÉS

Alice (8 ans 1/2 — Lucien (7 ans) — Louise (15 mois)

en hommage

à leur haute qualité

de représentants de futures générations.

PRÉFACE

Personne, en l'état actuel de la civilisation, ne songe à nier *l'utilité* d'un langage international qui permette de communiquer avec tous « *les étrangers* ».

Chacun constate la tendance irrésistible des peuples à « communier » entre eux (1), et, en même temps, comprend que l'obstacle à cette évolution consiste dans *la diversité des idiomes*.

Et, comme apprendre les langues de toutes les nations civilisées est une chimère, on reconnaît, conséquemment, la NÉCESSITÉ d'un *langage neutre* qui puisse servir de « truchement » entre les peuples, qui soit la LANGUE ÉTRANGÈRE UNIQUE, et qui, accompagnant la *langue maternelle de chacun*, devienne la LANGUE SECONDE du monde civilisé.

Un tel idiome doit être *facile*, et c'est pourquoi, sans même faire état de l'amour-propre de chaque nation, une des langues vivantes ou mortes ne saurait être choisie à cet effet.

Beaucoup nient la POSSIBILITÉ de créer un idiome artificiel, parce qu'ils ignorent qu'un tel projet est déclaré *réalisable* par les savants, et, mieux encore, que plus de *vingt systèmes* complets ont déjà été présentés au public.

Et qu'on n'objecte pas que, puisque aucun de ces systèmes n'a été adopté, c'est que : « un langage neutre » ne peut *pratiquement* fonctionner.

---

(1) *Expositions universelles.* — *Congrès internationaux.* — *Unification des poids, des mesures, de l'heure, du méridien* — *Unions postales, télégraphiques et monétaires.*

Ne serait-ce pas plutôt que les méthodes proposées n'étaient pas celles que la *pratique* réclamait?

L'auteur de la Langue Bleue prétend offrir au public « autre chose » qu'une copie servile des travaux déjà élaborés.

Les « langages artificiels » précédents ont l'ambition d'être « harmonieux », voir même *littéraires*.

La Langue Bleue ne veut être qu'un instrument de communication « oral et écrit » facile à manier, un commode interprète des besoins *les plus usuels* dans les relations internationales.

Sa méthode est simple; elle consiste dans une reconnaissance aisée des classifications grammaticales grâce à une sensation toute *matérielle* éprouvée à l'*aspect* des vocables composant son dictionnaire.

En outre, un ALPHABET des plus succincts (*19 lettres*), un VOCABULAIRE peu étendu, formé presque uniquement de substantifs aux significations bien déterminées, et enfin une CONSTRUCTION UNIQUE contribueront à l'acquisition et à la compréhension de ce langage international.

La Langue Bleue réunit donc les qualités nécessaires à un *idiome neutre qui veut être pratique*, savoir : la *concision*, la *précision*, la *rigidité* et la *clarté* d'où découle la FACILITÉ d'assimilation.

Quatre **Règles-bases** exposent les principes de la LANGUE BLEUE.

Iʳᵉ RÈGLE-BASE :	1 *LETTRE*	1 *SON*
IIᵉ RÈGLE-BASE :	1 *MOT*	1 *SENS*
IIIᵉ RÈGLE-BASE :	1 *CLASSE (de mots)* . . .	1 *ASPECT*
IVᵉ RÈGLE-BASE :	1 *PHRASE*	1 *CONSTRUCTION*

1ʳᵉ RÈGLE-BASE : **Une lettre, un son.** — On comprend facilement que, si *un signe n'a qu'un son* comme expression, et que, si *un son n'est représenté que par une lettre*, on obtient : *concision, précision* et *clarté*.

Ceci n'est pas une utopie, puisque *l'espagnol* s'écrit comme il se prononce.

2ᵉ RÈGLE-BASE : **Un mot, un sens.** — Il est difficile de ne donner qu'*un sens à un mot;* mais, en se souvenant du but de la Langue Bleue, on peut se rendre compte qu'un dictionnaire volontairement *restreint*, composé des mots indispensables à l'expression des besoins journaliers parviendra à donner à *chacun* de ses vocables un sens précis, bien déterminé.

3ᵉ RÈGLE-BASE : **Une classe (de mots), un aspect.** — Cette règle renferme l'innovation même apportée par la LANGUE BLEUE ; on ne pourra en apprécier la valeur qu'après lecture de ce livre.

Un exemple peut, cependant, en démontrer l'importance.

Un Français entend ou lit un des mots : *bread, brod, pan, pane, bulka,* qui sont les traductions en anglais, allemand, espagnol, italien, russe, du sens « *pain* », quelle notion grammaticale lui apportent ces vocables ? AUCUNE.

Ces mots sont-ils des noms ou des verbes, des prépositions ou des adverbes ? Nulle classification ne peut être faite *a priori*.

Autrement dit, le sens de ces mots ne peut être appris que par leur sonorité, puisque leur contexture ne donne aucune indication sur leur *nature grammaticale* (1).

Au contraire, dans la LANGUE BLEUE, le mot « pain », qui se dit : **pan** (prononcez : *pane*) (2), donnera une notion première de sa signification au point de vue grammatical *par sa contexture même :* et cela, parce qu'*il commence par une consonne quelconque*, qu'*il finit par une consonne* (3) et que cette structure constitue l'**aspect** caractéristique des substantifs de la LANGUE BLEUE (4).

Cette première détermination facilite évidemment la recherche du sens de ce vocable *isolé*, aussi bien à son *audition* qu'à sa *vision* (égales entre elles, d'après la *1ʳᵉ Règle-Base*). Cette compréhension deviendra encore plus aisée dans une phrase entière où tous les mots doivent figurer dans un ordre déterminé. En effet :

4ᵉ RÈGLE-BASE : **Une phrase, une construction.** — Non seulement l'unité de construction donnera une *précision* très grande au discours, mais elle facilitera aussi la « reconnaissance » de la signification de chaque vocable dans les classes de mots.

---

(1) Pour la transcription, plus grande difficulté encore, car un Français, en entendant ces mots, devrait les écrire : *brède, brote, pane, pâné, boulka.*

(2) **Pan** se prononce forcément *pane.* En effet, en **B**, toutes les lettres se prononceront, et tout son nasal sera prohibé.

(3) Cette consonne finale ne pouvant être ni la lettre **y** ni la lettre **d**.

(4) De plus, on peut également établir *a priori* que ce vocable est au singulier, tout nom au pluriel se terminant par la lettre **u**.

La méthode de ʟᴀ Lᴀɴɢᴜᴇ Bʟᴇᴜᴇ exige une « classification instantanée » des vocables dans les classes de mots ; ce desideratum se réalise dans la pratique par des combinaisons de *longueur* et de *sonorité*.

Mais, pour fixer ces distinctions d'**aspect** entre chacune des Parties du Discours, il a fallu modifier légèrement les divisions arbitraires de la grammaire usuelle.

Le lecteur n'a pas à s'en effrayer ; les changements effectués sont peu importants et sont toujours inspirés par la loi du « moindre effort ».

Quel que soit le sort réservé à la Lᴀɴɢᴜᴇ Bʟᴇᴜᴇ, je crois fermement que, tout au moins, quelques-unes des idées exposées dans ce livre pourront être utilisées dans le futur langage international, qu'inéluctablement le xxᵉ siècle verra surgir.

Lorsque, de tous les points de l'univers, les mains se tendent dans un élan de fraternité, lorsque tous les gouvernements se concertent pour « désarmer, » comment serait-il possible que tant de pacifiques visées n'eussent pas un mode d'expression commun?

Notre langue française, si claire pourtant, se sert d'un seul mot pour dire à la fois : « ouïr les paroles d'autrui », « en avoir la compréhension » et « agir d'accord ».

Ne voit-on pas que, si le mot « s'ᴇɴᴛᴇɴᴅʀᴇ » contient toutes ces significations, c'est qu'elles découlent forcément l'une de l'autre?

L'entente universelle serait bientôt établie, si un langage neutre était adopté comme organe du « *libre échange intellectuel* ».

Le vœu ardent de l'auteur est que sa méthode soit choisie pour réaliser le rêve de l'humanité soucieuse de concorde ; et c'est pourquoi il a donné à son œuvre le nom de la couleur même du firmament.

Vers le ciel, identique aux yeux de tous, mais différemment désigné par tous, s'élève instinctivement l'universelle espérance des peuples souhaitant *un meilleur devenir.*

Donner à tous les hommes la possibilité d'exprimer d'une unique manière leurs communes aspirations, tel est l'idéal poursuivi par la Lᴀɴɢᴜᴇ Bʟᴇᴜᴇ !

Lᴇᴏɴ BOLLACK.

Paris, décembre 1899.

Le nom simplifié de l'auteur, **Bolak,** *sera la dénomination de la* Lᴀɴɢᴜᴇ Bʟᴇᴜᴇ *elle-même dans le nouvel idiome. — Le signe* ʙ *en est l'abréviation*

GRAMMAIRE ABRÉGÉE

DE

LA LANGUE BLEUE

— BOLAK —

ALPHABET

1ʳᵉ Règle-base du **B** : **Une lettre, un son.**

Un *alphabet simple* est évidemment la première condition de l'intelligence rapide d'un langage international.

Il est également nécessaire que cet alphabet, non seulement ne contienne aucun son que tous les peuples civilisés ne puissent *aisément* prononcer, mais encore que chacun des signes le composant ne représente qu'un son *unique*.

Il faut, en même temps, que cet alphabet soit le plus *court* possible.

L'acquisition d'un semblable alphabet serait *très facile*.

L'Alphabet de la **Langue Bleue** réunit toutes ces qualités.

Il ne contient que 19 lettres (1).

Chacune de ces lettres ne représente qu'un son (2).

*Chacun des sons du **B** ne sera représenté que par une lettre (3).*

Chacun de ces sons est facilement prononçable par tous les peuples de race aryenne, c'est-à-dire par l'ensemble des peuples civilisés.

---

(1) Tandis que les alphabets des langues vivantes contiennent de 20 à 36 signes.
(2) Tandis que certaines lettres françaises représentent plusieurs sons (*c, g*).
(3) Tandis que certains sons français ont diverses figurations (Son : *o*) ou exigent plusieurs signes pour leur transcription (Son : *ch*).

1

TABLEAU DE L'ALPHABET

IMPRESSION.	A	B	ꞇ	D	E	F	G	I	K	L	M	N	O	P	R	S	T	U	V
	a	b	ꞇ	d	e	f	g	i	k	l	m	n	o	p	r	s	t	u	v
GRAPHISME.	*A*	*B*	*ꞇ*	*D*	*E*	*F*	*G*	*I*	*K*	*L*	*M*	*N*	*O*	*P*	*R*	*S*	*T*	*U*	*V*
	a	*b*	*y*	*d*	*e*	*f*	*g*	*i*	*k*	*l*	*m*	*n*	*o*	*p*	*s*	*s*	*t*	*u*	*v*
ÉMISSION . :	a	be	tche	de	é	fe	güe	i	ke	le	me	ne	o	pe	re	sse	te	ou	ve

L'Alphabet contient : 5 VOYELLES : **a, e, i, o, u** et 14 CONSONNES : **b, ꞇ, d, f, g, k, l, m, n, p, r, s, t, v.**

On voit que les consonnes se prononcent toutes avec une *expiration de souffle*, comme avec un *e muet* final.

QUATORZE *de ces lettres* ont exactement le même son qu'en français : **a, b, d, f, i. k, l, m, n, o, p, r, t, v.**

QUATRE ÉMISSIONS NOUVELLES :
- La lettre **e** (sans accent) se prononce comme un *é* (avec accent aigu).
- — **g** se prononce toujours « *gue* », *même devant é et i.*
- — **s** se prononce toujours *dure*, comme *deux* s et jamais comme un z.
- — **u** se prononce *ou.*

UNE SEULE nouvelle lettre à apprendre : **ꞇ**. Ce signe simple remplace le *double signe* CH.

Le **ꞇ** représente la *chuintante* de la Langue Bleue ; il se prononce « *tche* » comme *tch* dans le mot « *tchèque* ».

Comme il s'agit d'un alphabet international, il a fallu indiquer également le *graphisme* des lettres; ceux qui écriront en Langue **Bleue** devront autant que possible reproduire les formes prescrites, pour éviter les confusions dans les correspondances avec l'étranger.

1ʳᵉ RÈGLE GÉNÉRALE. — *Tous les signes se prononcent et ne se pro noncent que d'une seule manière.* Par conséquent, il est établi que :

1° Les voyelles **a, e, i, o, u** (*ou*) ont un son MOYEN, *ni long, ni bref.*
2° La lettre **t** ne se prononce jamais s.
3° Tout son *nasal* est interdit; les syllabes *an, en, in, on, un,* se prononceront *ane, éne, ine, one, ouné.*
4° Toute *lettre mouillée* est interdite.
5° Toute *diphtongue* est interdite (1).

2ᵐᵉ RÈGLE GÉNÉRALE. — *Tous les sons s'écrivent.*
De cette règle résulte une orthographe *absolument phonétique.*

La réunion de ces deux RÈGLES GÉNÉRALES permet de donner au **B** une *audition absolument équivalente à sa vision* (et vice versa).

Afin de faciliter l'orthographe et d'éviter les erreurs de prononciation, il a été créé :

1° Des CONSONNES DOUBLES INITIALES ou *d'attaque* au nombre de 31.
2° Des CONSONNES DOUBLES FINALES au nombre de 59 (2).

ACCENTS GRAPHIQUES ou *ORTHOGRAPHIQUES.* — Il n'en existe aucun.

Seront donc supprimés : *accent grave, accent aigu, accent circon-flexe, tréma, cédille, trait d'union, apostrophe,* qui compliquent l'orthographe et encombrent le graphisme.

L'écriture de la Langue Bleue sera donc beaucoup plus *rapide* que celle du français (3).

PONCTUATION. — La même qu'en français.

Les *majuscules* s'emploient seulement au commencement des phrases ou comme lettre initiale des noms propres. (*V. Syntaxe*; p. 36.)

---

(1) Il n'y aura du reste en **B** qu'un petit nombre de mots qui contiendront deux voyelles successives. Il faudra émettre ces voyelles séparément.
Ex.: **nea**, « nôtre, le nôtre », prononciation : *né-a* ; **au**, prononciation : *a-ou*.
(2) La connaissance de ces consonnes doubles, sans être indispensable, est pourtant très utile pour acquérir rapidement la langue. L'usage du vocabulaire les fera apprendre sans difficulté, presque machinalement.
Les consonnes doubles *initiales* sont : fk, fl, fn, fr, ft — kl, kn, kr; ks, kv — ml, mn, mr — pf, pl, pn, pr, ps — sf, sk, sl, sm, sn, sp, sr; st — tl, tn; tr, ts, tv.
Les consonnes doubles *finales* sont : bl, br; bs — dl, dr, ds — fg, fm, ft — gl; gn, gr — ks, kt, kv — lb, lq, lg, lm, ls, lt, lv — mb, mg, ml, ms, mt, mv — nq, nf, nk, np, ns, nt — pt, pv — rq, rf, rk, rl, rm, rn, rs, rt — sf, sk; sl; sm; sn; sp sr, st — tg, tm, tv — vl, vr, vs.
(3) On pourra au besoin ne pas mettre de points sur les *i* ni de barre sur les *t*; ce qui permettra d'écrire chaque mot *sans lever la plume.*

ACCENT TONIQUE. — Il n'y a pas d'accent tonique.

Chaque syllabe doit être prononcée avec la *même* intensité.

PRONONCIATION. — Il est recommandé de laisser une légère pause entre chaque mot ; une plus grande pause entre chaque phrase (*V*. p. 36).

TONALITÉS. — Par suite de l'établissement de certains vocables, pour ainsi dire symboliques (*V*. p. 12, note 1), il est absolument inutile de varier l'*inflexion* de la voix dans l'énonciation des pensées (1).

RÈGLES D'ORTHOGRAPHE. — Afin d'apporter de nouvelles facilités à l'orthographe, les 4 règles suivantes ont été établies (2) :

1° Jamais *trois consonnes* ne seront employées *successivement*.

2° Jamais *trois voyelles* ne seront employées *successivement*.

3° Jamais *deux consonnes semblables* ne seront employées *successivement*.

4° Jamais *deux voyelles* ne seront employées *successivement* dans aucun *granmot* du **B** — mot de 4 lettres et au-dessus (*V*. page 3, note 1).

RÈGLE DE L'OUTIL **U**

Cette règle est la seule qui présente quelque difficulté en **B**.

Dans la LANGUE BLEUE, la lettre **u** n'a pas les mêmes fonctions que les autres signes de l'alphabet.

Elle ne sert pas à la constitution des mots à leur *état simple*.

Dans le vocabulaire, on ne trouvera donc aucun mot précis exprimant une notion simple et contenant cette lettre (3).

La fonction de la voyelle **u** sera celle d'un *outil grammatical*.

Semblable à un coefficient, elle se posera à *diverses places* des mots pour en montrer les *variations*.

Par conséquent, chaque fois que dans un mot précis l'on verra le signe **u**, ou que l'on entendra le son **ou**, on saura D'AVANCE que ce mot est *modifié* dans sa signification essentielle.

---

(1) Ceci n'a pas lieu dans les langues vivantes (tons *interrogatif, exclamatif*, etc.).

(2) RÈGLES DE STRUCTURE. — Afin de permettre l'établissement des règles de grammaire certaines structures de mots sont interdites. Il est inutile de les savoir par cœur.

On ne trouvera jamais en **B** de mots ayant les formes suivantes : *voyelle, voyelle, consonne* et *voyelle, consonne, consonne*. Les cinq formes suivantes avec *u*, sont également interdites : **vcu, cvu, cuv, ucv** (v = *voyelle* ; c = *consonne*).

(3) Cette lettre ne se trouvera que dans 47 mots simples : 2 interjections **u, uu** et dans 49 vocables qui sont tous des *mots-cadres* et dont les formes sont : *voyelle* et **u**, *consonne* et **u**, ou *double consonne* et **u**.

Ces mots expriment tous des notions confuses et, ainsi qu'on le verra à la classification matérielle des parties du discours, ne peuvent avoir plus de 3 lettres.

Les variations apportées à un mot par l'*outil* **u** sont les suivantes :

1° Placé à la fin d'un mot, l'**u** indique toujours le *pluriel des noms*. Un mot ainsi formé aura toujours 2 syllabes et au moins 4 lettres.

2° Placé au commencement d'un mot, l'**u** a *trois* attributions différentes :

A. — *Devant un nom,* il exprime le *féminin.*

B. — *Devant un verbe,* il exprime l'*antériorité* dans les temps composés et remplace les *auxiliaires.*

C. — Devant un *qualificatif, un participe* ou *un adverbe,* il exprime la *comparaison d'égalité.*

3° Placé à l'intérieur d'un mot :

1° *Comme avant-dernière lettre,* l'**u** indique la *voix passive des verbes ;*

2° *Au milieu du mot,* l'**u** sert de *trait d'union,* à la fois oral et écrit, dans les *mots composés,*

Pour montrer plus clairement les utilisations grammaticales de l'outi **U**, voici, sous forme de tableau, les diverses places qu'il peut occuper

(**v** = voyelle ; **c** = consonne ; **U** = l'outil grammatical.)

	Dans un mot formé comme ci-dessous :	Ce mot sera forcément en B un :	Placé ainsi, l'outil **u** exprime et indique grammaticalement les idées de :
Place 1	Ucvc (sauf *d* et *y*)	nom au féminin ;	féminité.
— 2	cvcU	nom au pluriel ;	pluralité.
— 3	UcvcU	nom féminin au pluriel (réunion des places 1 et 2) ;	pluralité féminine.
— 4	cvcUv	verbe au passif ;	passivité.
— 5	Ucvcv	verbe à la voix active, au temps antérieur ;	antériorité, perfection.
— 6	UcvcUv	verbes au passif, temps antérieur (réunion des places (4 et 5) ;	antériorité, perfection passive.
— 7	Ucvcv*d*	attributif, avec idée d'égalité ;	comparatif d'égalité dans qualificatifs.
— 8	Ucvcv*y* Ucv*y* Uccv*y* Ucvc*y*	modificatif; avec idée d'égalité ;	comparatif d'égalité dans adverbes.
— 9	cvcUcvc	**mot composé;**	trait d'union oral.

Il est impossible de confondre les emplois *divers* de cet **outil** de la Langue Bleue. Selon la *place* occupée par l' « outil **U** » dans un vocable, la variation subie par ce mot est d'une nature *différente.*

GRAMMAIRE

3ᵉ Règle-Base du B : Une classe (de mots), un aspect.

Dans la Préface, il a été exposé que la condition *sine qua non* du succès d'un langage artificiel était *la facilité d'acquisition*.

La méthode qui pouvait le plus efficacement donner une telle facilité était celle qui apporterait un *procédé pratique de classification* du langage permettant, à première vue comme à première audition (1), de répartir grammaticalement chacun des vocables dans une des parties du discours (2).

Dans la Langue Bleue, ce « procédé de divination » consiste à attribuer à chacune des classes de mots un *physique*, un *relief*, un **aspect** différent.

La *différenciation d'aspect* de chaque partie du discours est effectuée en **B** par une combinaison de la *longueur* des mots avec leur *sonorité*.

La longueur des mots permet tout d'abord de faire la distinction entre les deux grandes *catégories* du langage : *les notions vagues* et *les notions précises*.

Les notions vagues, *idées de rapport* entre les mots, seront représentées en **B** par des mots courts (3), dont la dénomination générique sera : **motules**.

Les notions précises, *idées de substance, d'état* ou *d'action*, seront représentées en **B** par des mots longs, dont la dénomination générique sera : **granmots**.

La sonorité des mots permettra de faire ensuite les distinctions nécessaires entre chaque classe de mots, c'est-à-dire entre *chaque partie du discours*.

Mais, pour arriver à ce résultat dans la *pratique*, il a été nécessaire de modifier quelque peu les divisions de la grammaire habituelle.

---

(1) Par la 1ʳᵉ Règle-Base : **une lettre, un son,** étudiée à l'alphabet, on sait que dans la Langue Bleue la vision d'un mot équivaut toujours à son audition.

(2) *Voir* Livres théoriques : N° 1, la Langue Bleue ; n° 7, Résumé théorique.

(3) Ainsi qu'on le constate du reste dans toutes les langues vivantes, ces vocables en raison de leur usage fréquent sont, par la force des choses, des mots concis; mais cette règle n'a jamais été généralisée et comporte de nombreuses exceptions.

Le Tableau des Parties du Discours du **B** établi à la page suivante indique.tous les détails de cette nouvelle répartition du langage.

Sur ce tableau on lira quelques nouvelles appellations ; aussi est-il indispensable d'en donner préalablement les définitions.

Aspect. . . . *Physique spécial* de chacune des parties du Discours du **B**.

Motules . . . *Première catégorie* du langage, comprenant toutes les classes de mots dont les vocables *ne peuvent donner une notion précise* par eux-mêmes.

Granmots. . . *Deuxième catégorie* du langage, comprenant toutes les classes de mots dont les vocables, au contraire, *donnent à l'esprit une notion précise*, par leur seule énonciation ou par leur seule vision.

Mots-cadres . *Deuxième partie du Discours* du **B**. Elle inclue des expressions d'*idées générales* et certaines *abréviations* très utiles. Elle est ainsi nommée parce que les vocables la composant, par suite de leur position devant la notion principale, *encadrent* cette notion.

Connectifs. . *Troisième partie du Discours* du **B**. Elle inclue les vocables qui d'une manière générale apportent les notions de rapport entre les mots : les *conjonctions* et les *prépositions*. Par extension, les connectifs servent d'*adverbes de situation*.

Désignatifs. . *Quatrième partie du Discours* du **B**. Elle inclue tous les mots qui « désignent » ; c'est-à-dire les *articles*, tous les *pronoms* et les *adjectifs*, sauf les adjectifs numéraux et les qualificatifs.

Attributifs. . *Septième partie du Discours* du **B**. Elle inclue les vocables qui apportent un « attribut » à l'idée principale ; c'est-à-dire les *adjectifs qualificatifs* et les *participes*, sauf la notion gérondive qui est une *modification*.

Modificatifs.. *Huitième partie du Discours* du **B**. Elle inclue tous les *adverbes* français et le *participe gérondif*.

Dans la Langue Bleue, le Discours est divisé en **deux catégories**, de **quatre classes** chacune ; on obtient ainsi **huit parties** du Discours :

1re Catégorie : Les Motules.

1re PARTIE DU DISCOURS. — *Les interjections.*
2e　　　　— 　　*Les mots-cadres.*
3e　　　　— 　　*Les connectifs.*
4e　　　　— 　　*Les désignatifs.*

2e Catégorie : Les Granmots.

5e　　　　— 　　*Les noms et nombres.*
6e　　　　— 　　*Les verbes.*
7e　　　　— 　　*Les attributifs.*
8e　　　　— 　　*Les modificatifs.*

TABLEAU DES HUIT PARTIES DU DISCOURS

DE LA LANGUE   BLEUE

	NOMS des Parties du Discours en B.	CLASSES correspondantes en français.	ASPECT de chacune des classes en B.	EXEMPLES de mots de chacune des classes.
Ire Catégorie. — Motules, incluant toutes les *notions vagues* du langage. Les vocables de ces parties du Discours sont appelés **motules**, parce qu'ils sont tous COURTS. Leur **aspect** sera : des vocables de 1, 2 ou 3 *lettres*, et, s'ils sont de 3 *lettres*, terminés par une VOYELLE. Cette catégorie est divisée en *quatre classes* formant les *quatre* PREMIÈRES *Parties du Discours*.	I. INTERJECTIONS...	*Interjections.*	1 voyelle ou la même voyelle répétée.	a, aa.
	II. MOTS-CADRES....	Classe nouvelle de mots comprenant les expressions d'*idées générales*, les *préfixes*, certains *suffixes*, quelques modes d'*abréviation*.	1° : 2 voyelles différentes. 2° : Mots de 2 et 3 lettres dont la finale est **u** et dont la ou les premières lettres sont des *consonnes*.	iu, oi, ae. bu, nu, stu, plu.
	III. CONNECTIFS. Réunion des ..	*Prépositions* et *Conjonctions.*	Mots de 2 ou de 3 lettres, contenant 1 ou 2 consonnes et dans lesquels entrent seulement les voyelles **i** ou **o**. Dans les mots de 3 lettres la finale doit toujours être **i** ou **o**.	ib, ob, bi, bo, sti, sto, ibi, ibu, obi, obo (1).
	IV. DÉSIGNATIFS. Réunion des ..	*Articles*, tous *Pronoms* et *Adjectifs*, sauf *Numéraux* et *Qualificatifs.*	Mots de 2 ou 3 lettres, contenant 1 ou 2 consonnes et dans lesquels entrent seulement les voyelles **a** ou **e**. Dans les mots de 3 lettres la finale doit toujours être **a** ou **e**.	am, em, ma, me, sta, ste, mae, men, ama, ame, ema, eme.
2e Catégorie. — Granmots, incluant toutes les *notions précises* du langage. Les vocables de ces parties du Discours sont appelés **Granmots**, parce qu'ils sont tous LONGS. Leur **aspect** sera : des vocables de 3 *lettres au moins*, et, s'ils sont de 3 *lettres*, terminés par une CONSONNE. Cette catégorie est divisée en *quatre classes* formant les *quatre* DERNIÈRES *Parties du Discours*.	V. NOMS et NOMBRES. Réunion des ..	*Substantifs* et *Adjectifs numéraux.*	Mots commençant tous par une *consonne* quelconque, — ou par l'outil **u** (2) — et finissant toujours par une *consonne*, sauf **u** et **d**, ou par l'outil **u** (3).	lov, plan, dort, sport, vikor, ditort.
	VI. VERBES.........	*Verbes*, moins le mode Participe.	Mots commençant tous par une *consonne* quelconque, — ou par l'outil **u** (4) — et finissant toujours par une *voyelle*, sauf l'**u**.	lovi, plano, dorte, sporta.
	VII. ATTRIBUTIFS. Réunion des ..	*Adjectifs qualificatifs* et des *participes*, sauf le gérondif.	Mots commençant tous par une *consonne* quelconque (5) et finissant toujours par la consonne **d**.	lovid, planod, dorted, sportad.
	VIII. MODIFICATIFS. Réunion des ..	*Adverbes* de toutes sortes et du *participe gérondif.*	Mots commençant tous par une *consonne* quelconque (5) et finissant toujours par la consonne **y**.	loviy, planoy, dortey, sportay, siy, finy, mlay.

---

(1) La forme : « consonne, voyelle, voyelle » n'est pas employée bien que théoriquement correcte..

(2) En cas de formation du féminin. A la SYNTAXE, on verra que les sens apportés par la *Marguerisation* peuvent également faire commencer par une voyelle les noms ainsi que les autres classes qui en sont dérivées.

(3) En cas de formation du pluriel.

(4) En cas de formation des temps antérieurs.

(5) A leur état naturel ; au contraire, à leurs degrés de comparaison, ces mots commenceront par une voyelle.

1ʳᵉ Catégorie du langage.

LES MOTULES

Les MOTULES sont des vocables formant la *1ʳᵉ Catégorie du Langage.*
Ils comprennent toute la série des représentations des idées *confuses ;*
ils donnent la possibilité d'exprimer toutes les *notions de rapport* entre
les mots précis.

Afin de faire mieux saisir la nature des MOTULES, supposons les mots
suivants émis ou écrits *isolément :*

oh! — est-ce que, — mais, — par, — qui, — cet, — autre, — mon.

On comprend que l'on ne peut déduire de l'audition ou de la vision
d'un de ces vocables aucune connaissance exacte de la pensée de l'interlocuteur ou de l'écrivain.

Ce sont ces sortes de mots qui, réunies sous le nom générique de Mo-
TULES, seront étudiées dans les *quatre premières* Parties du Discours.

Pour obéir à la 3ᵉ RÈGLE-BASE du **B** « **une classe, un aspect** », loi
qui constitue la méthode de la LANGUE BLEUE, — et qui permet également une *divination rapide* des catégories du langage, — les MOTULES
seront tous COURTS.

Les MOTULES auront *au plus* **trois** *lettres,* et, s'ils sont de trois lettres,
ils seront terminés par une *voyelle.*

Étant donnés les SIGNES de l'alphabet déjà fixés et les RÈGLES DE
STRUCTURE et D'ORTHOGRAPHE déjà étudiées, on peut théoriquement établir que ces mots devront tous être « coulés » dans 475 « moules ».

Cette *1ʳᵉ catégorie du langage* est divisée en *quatre* classes (*V.* p. 7).

La SONORITÉ des VOYELLES contenues dans les diverses formes de ces
motules suffira *à elle seule* pour effectuer le classement de tous ces
vocables, ainsi qu'on va le constater dans l'étude des quatre premières
parties du Discours.

Les MOTULES seront toujours *invariables,* sauf la 4ᵉ classe de ces mots :
les DÉSIGNATIFS, qui peuvent varier *en nombre* et *en cas.*

Le GENRE n'affecte jamais aucun motule (1).

---

(1) Les représentations du *féminin* et du *neutre,* dans les PERSONNELS et les
POSSESSIFS, sont effectuées par des vocables que l'on peut considérer comme des
mots *différents,* n'ayant aucun rapport avec ceux employés pour le sens *masculin.*

Les Motules. — Iʳᵉ CATÉGORIE DU LANGAGE

Iʳᵉ PARTIE DU DISCOURS

LES INTERJECTIONS

1ʳᵉ Classe des Motules.

Les INTERJECTIONS sont des *motules* composés *d'une voyelle* ou de la *même voyelle répétée :*

a	signifiera :	*manque,* et, par extension :	*découragement*	
e	—	*exubérance,*	—	*approbation.*
i	—	*paroxysme,*	—	*joie.*
o	—	*penchant,*	—	*doute.*
u	—	*égalité,*	—	*consentement* (1).

Il faut employer le moins possible les interjections ; il est, par contre, indispensable de connaître leurs significations premières, qui seront utilisées dans l'application de la RÈGLE de la MARGUERITE (*V.* p. 48).

Cette règle consiste dans la *préfixation* des interjections **a, e, i, o** à la plupart des GRANMOTS, dans le but de leur attribuer facultativement certains degrés d'*intensité* (*Voir :* QUALIFICATIFS, *Degrés de signification,* p. 32, et SYNTAXE, *Établissement du Vocabulaire,* p. 55).

Ce phénomène de variation est dénommé la MARGUERITATION.

---

(1) Les formes de voyelles répétées donnent les expressions des mêmes sentiments, mais avec un sens de *péjoration.*

En voici les significations : **aa,** résignation, dégoût ;
ee, réprobation, mépris ;
ii, douleur, souffrance ;
oo, appel, prière, menace ;
uu, répulsion, contrariété, frayeur.

Il faut noter que ces interjections *péjoratives* n'ont aucun emploi grammatical, contrairement aux 5 interjections constituées par *une seule voyelle.*

LES MOTS-CADRES

2ᵉ *Classe des Motules.*

Les Mots-Cadres constituent une classe de mots de création nouvelle.

Ces *motules* permettent d'exprimer certaines notions générales, dont ils sont pour ainsi dire les « symboles ». On peut les définir : *des gestes oraux.*

Les **mots-cadres** ne se joignent *jamais* aux mots auxquels ils se rapportent ; ils ont les *deux formes* suivantes :

1ʳᵉ Forme. — *Motules de 2 ou 3 lettres finissant par* **u** (aucune autre voyelle dans le mot). Ils sont au nombre de 45.

Il est indispensable de connaître les *neuf* mots-cadres suivants :

			Exemples :	
nu :	symbole de	*négation*	je n'aime pas	**me nu lovi.**
du :	—	*interrogation affirmative*	aimé-je	**me du lovi ?**
tnu :	—	*interrogation négative*	n'aimé-je pas ?	**me tnu lovi ?**
ku :	—	*subordination affirmative*	(il faut) que j'aime	**ku me lovi.**
knu :	—	*subordination négative*	(il faut) que je n'aime pas	**knu me lovi.**
su :	—	*réflexe affirmatif*	je m'aime	**me su lovi.**
snu :	—	*réflexe négatif*	je ne m'aime pas	**me suu lovi.**

lu, signifiant *désignation précise* ; sens de : « c'est bien celui, celle, ceux ».
stu, — idée de *masculinité* ; remplace le mot « *mâle* » en français.

En effet, il n'est pas d'autre moyen d'effectuer ces traductions (1).

Les autres mots-cadres possédant cette forme servent à la « fabrication » des mots et remplacent les préfixes français. Il est intéressant, mais non indispensable, de les connaître par cœur. Exemples (2) :

ru	signifiant	*répétition, réitération* ; comme les préfixes *re, ré* en français.
pu	—	idée de *suprématie* ; préfixe français : *archi*, locution, *en chef.*
bu	—	idée de *supériorité* ; préfixe français : *super, sur*, idée de *principal.*
qu	—	idée *d'infériorité* ; préfixes français : *sous, vice.*
fku	—	idée de *contraire* ; remplace les préfixes : *anti, contre.*
pru	—	idée de *préexistence* ; remplace les préfixes : *ante, ex, pré.*
plu	indiquant	la *pluralité* ; remplace le préfixe : *poly.*
pru	—	la *mise à la place* ; remplace le préfixe : *pro.*
sku	—	la *ressemblance avec* ; remplace les désinences des adjectifs français en *âtre.*
pnu	—	la *dissemblance* ; il a le sens contraire de **sku.**

(1) Ces mots-cadres dispensent de varier la *tonalité* de la voix. Exemple : la présence du vocable **du** indique l'*interrogation positive* de la phrase (V. p. 50).

(2) Consulter *le Vocabulaire* pour les 25 mots-cadres non cités. Parmi ceux-ci le mot **vu** remplace brièvement toutes les formules protocolaires.

IIe Formé. — *Motules de 2 lettres formés de 2 voyelles dissemblables* (1). Ils sont au nombre de 16.

Ces mots-cadres représentent tous des Abréviations d'ordres divers :

1° Quatre mots-cadres finissant en **u**, signifient :

au : le nom qui suit est *un nom propre*.

eu : le mot qui suit est un mot *d'une langue autre* que celle de l'orateur *et* également *autre* que celle de l'interlocuteur, *ou encore* un mot *technique*.

iu : le mot qui suit est un mot *de la langue* de l'interlocuteur ou du correspondant (de celui à qui l'on parle ou à qui l'on écrit).

ou : le mot qui suit est un mot *de la langue maternelle* de l'orateur ou de l'écrivain (de celui qui parle ou qui écrit).

Les deux premiers mots — **au** et **eu** — serviront à crier « casse-cou », à avertir que le mot qui suit un de ces termes peut n'être pas connu, parce que c'est un mot spécial : un *nom propre* ou un *mot étranger* aux deux parties intéressées.

Les deux derniers mots — **eu** et **iu** — seront très utiles pour la rapidité de l'élocution et de l'écriture en cas d'oubli d'un mot ou de la connaissance d'un mot de la langue de l'interlocuteur, puisqu'ils permettront de continuer le discours (ou la correspondance) en *sautant* pour ainsi dire un mot **B** (V. p. 55).

2° Quatre mots-cadres, *indispensables à connaître*, donnent la possibilité de traduire l'ensemble des notions contenues dans *deux classes* entières *de mots;* ils symbolisent les idées de *connection* et de *désignation* :

io (2), comme expression de **subordination en général**.
Ce mot pourra remplacer *n'importe quelle préposition*.

oi (2), comme expression de **liaison en général**.
Ce mot pourra remplacer *n'importe quelle conjonction*.

ea (3), comme expression générale de **désignation** avec idée d'*unité*.
Ce mot pourra remplacer *n'importe quel article, adjectif* ou *pronom* singulier.

ae (3), comme expression générale de **désignation** avec idée de *pluralité*.
Ce mot pourra remplacer *n'importe quel article, adjectif* ou *pronom* pluriel.

---

(1) Dans ces 16 mots, les voyelles sont prononcées séparément (V. Alphabet, p. 3).

(2) On peut remarquer que les voyelles **i** et **o**, qui composent ces mots, sont les *seules* qui entrent dans les vocables de la classe des *connectifs*.

(3) On peut remarquer que les voyelles **e** et **a**, qui composent ces mots, sont les *seules* qui entrent dans les vocables de la classe des *désignatifs*, où l'**a** final indiquera *l'unité*, et l'**e** final, *la pluralité*.

3° Huit mots-cadres servent facultativement d'*auxiliaires* dans les verbes ou peuvent brièvement exprimer certaines modalités de la pensée, surtout *en cas de réponse.*

oa : *commencer à, se mettre à, aller.*
eo : *finir de, venir de.*
ia : *vouloir, avoir l'intention de.*
oe : *devoir, falloir, être dans l'obligation de.*
oi : *désirer, avoir du goût, du penchant pour.*
ei : *pouvoir, être dans la possibilité de.*
ie : *agir ainsi d'une manière fréquente, régulière.*
ao : *agir ainsi rarement, d'une manière intermittente.*

Les auxiliaires étant supprimés dans les verbes (*Voir* p. 28), ces *huit* mots pourront abréger *au besoin* certaines formules courantes, mais ces traductions ne sont nullement *obligatoires.*

Prenons, comme exemple, la phrase « tu dois parler ».
La traduction complète est : **te devo spiko** ; mais, plus brièvement, on peut traduire : **te oe spiko.**

Ces *auxiliaires accessoires* abréviatifs seront surtout utiles pour l'expression rapide d'une pensée et notamment des réponses à faire.

Prenons pour exemple la phrase : Travailles-tu ? **Te du vorko ?**
Un mot-cadre peut suffire pour préciser la réponse. Ex. : **oa,** c'est-à-dire : « je commence à travailler », ou, **eo,** « je finis de travailler ».
On comprend que, de cette manière, il est possible de donner diverses intensités d'expressions à une réponse quelconque.
Exemples : **ia,** vouloir ; **oe,** devoir ; **oi,** désirer ; **ei,** pouvoir, etc.

Le *mode conditionnel,* supprimé dans le verbe, pourra également, dans certains sens, être remplacé par l'emploi d'un de ces mots-cadres, placé devant le mot verbal.
Ainsi, la phrase « je viendrais si... » est l'expression d'un *futur* pris avec certaines idées spéciales de subordination.
On peut, si on le désire, exprimer rapidement les divers sens qui s'y trouvent inclus :

Je viendrais	(je voudrai venir) . . .	me	ia	venka.
Je viendrais	(je devrai venir)	me	oe	venka.
Je viendrais	(je désirerai venir). . .	me	oi	venka.
Je viendrais	(je pourrai venir)	me	ei	venka.

III° PARTIE DU DISCOURS

Prépositions et Conjonctions

réunies sous le nom de

CONNECTIFS

3° Classe des Motules.

Les CONNECTIFS sont des *motules* dans la composition desquels n'entreront que les voyelles **i** ou **o**, ou parfois ces deux voyelles.

On vient de voir que deux mots-cadres, possédant cette contexture, peuvent servir, *en cas de besoin*, à remplacer toute cette classe de mots.

io, *préposition générale*, idée de rapport de *subordination* quelconque.

oi, *conjonction générale*, idée de rapport de *liaison* quelconque.

Les principaux connectifs sont :

bi,	pendant.	**it,**	et.	**ot,**	dehors.
bo,	mais.	**ki,**	avec.	**ov,**	soit, soit que.
ųi,	parce que.	**klo,**	c'est-à-dire.	**pi,**	par.
ųo,	voici.	**ko,**	que.	**plo,**	afin de.
di,	de (*composition*).	**kvo,**	à cause de.	**po,**	puisque.
do,	depuis.	**li,**	jusque.	**pro,**	pour.
fi,	quoique.	**lo,**	envers.	**ri,**	selon.
fo,	lorsque.	**mi,**	chez.	**ro,**	au lieu de.
fro,	vu que.	**mo,**	entre.	**slo,**	ainsi.
gi,	voilà.	**ni,**	ni.	**so,**	comme, de même que.
go,	donc.	**oų,**	dessous, sous.	**spi,**	du côté de.
ib,	dessus, sur.	**of,**	de (*possession*).	**sri,**	à raison de.
id,	à (*direction*).	**ob,**	car.	**sti,**	lors de.
if,	si.	**og,**	derrière.	**sto,**	puis, ensuite.
ig,	malgré.	**ok,**	néanmoins.	**ti,**	outre.
ik,	devant, avant.	**omi,**	de (*provenance*).	**to,**	vers.
in,	dans.	**on,**	dès (*durée*).	**tso,**	de la part de.
imi,	en.	**or,**	ou.	**vi,**	sauf.
ir,	quant à.	**os,**	après.	**vo,**	sans.

REMARQUES. — 1° Les personnels, régimes des prépositions, se mettent au nominatif. Ex. : Venir avec moi, **venko ki me**. — **Me** veut dire *je*.

2° Afin de n'avoir, autant que possible, qu'*un mot* pour exprimer *un sens*, les CONNECTIFS servent d'*adverbes de situation*.

Ex. : Courez derrière moi, **et reno og me ;** être dans la maison, **stiro in dom.**
Courez derrière,   **et reno og ;**   être dedans,   **stiro in.**

3° Deux adverbes ont exceptionnellement l'*aspect* des connectifs.
Ce sont les mots : *oui*, **si**, et *non*, **no**.

IVᵉ PARTIE DU DISCOURS

Articles, Pronoms et tous **Adjectifs** (sauf *qualificatifs et numéraux*)

réunis sous le nom de

DÉSIGNATIFS

4ᵉ Classe des Motules.

Les Désignatifs sont des *motules* dans la composition desquels n'entreront que les voyelles **a** ou **e**, ou parfois ces deux voyelles.

Sauf dans la sorte des *Personnels*, l'**a** final indique le *singulier*, et l'**e** final, le *pluriel* dans tous les mots de la classe des désignatifs.

Les désignatifs sont divisés en six sortes : *Relatifs, Interrogatifs-exclamatifs, Indéfinis, Démonstratifs, Possessifs* et *Personnels*.

Chacune des sortes de mots composant cette partie du discours a une forme *caractéristique spéciale*.

La déclinaison influe seulement sur l'aspect de trois sortes de désignatifs : les *Relatifs*, les *Interrogatifs*, les *Personnels*, et s'effectue toujours de la *même manière* (sauf pour le mot **an**).

Le genre se remarque seulement dans les *Personnels* et les *Possessifs*.

Iʳᵉ Sorte. — LES RELATIFS

Ce sont les *pronoms relatifs* français. Ils n'indiquent pas le *genre*.

ra signifie : *qui, lequel, laquelle* et *lequel* (neutre).
re signifie : *qui, lesquels, lesquelles* et *lesquels* (neutre).
er signifie : *en* (sens de : *de cela*). Ex. : j'en veux, **me vilo er.**

ar signifie : *y* (sens de : *à* ou *sur cela*). Ex. : j'y compte, **me konto ar.**

Les relatifs **re** et **ra** se déclinent en *préfixant* la voyelle **e** pour former leur *génitif-ablatif*, et la voyelle **a** pour obtenir leur *datif*.

Singulier :	Pluriel :
cra, de qui, duquel, de laquelle.	**ere**, de qui, desquelles.
ara, à qui, auquel, à laquelle.	**are**, à qui, auxquels, auxquelles.

On voit que la lettre **R** est la *caractéristique* de cette sorte ; c'est, en effet, *la seule consonne* que l'on trouvera dans les *Relatifs*.

IIᵉ Sorte. — LES INTERROGATIFS-EXCLAMATIFS

Ce sont les *adjectifs* et *pronoms interrogatifs* français.
Ils n'indiquent pas le *genre*.

ka, signifie : *qui? lequel? laquelle? lequel?* (neutre).
ke, signifie : *qui? lesquels? lesquelles? lesquels?* (neutre).

L'EXCLAMATIF est exprimé par les mêmes mots *retournés :*

ak, signifie : *qui! lequel! laquelle! lequel!* (neutre).
ek, signifie : *qui! lesquels! lesquelles! lesquels!* (neutre).

On voit que la lettre **K** est la *caractéristique* de cette sorte ; c'est en effet *la seule consonne* que l'on trouvera dans les *Interrogatifs-exclamatifs.*

La DÉCLINAISON des *interrogatifs* s'effectue *comme celle des Relatifs :* par la préfixation de l'**e** pour le *génitif*, de l'**a** pour le *datif*.

SINGULIER : **cka**, de qui? duquel? de laquelle? **aka**, à qui, auquel, à laquelle?
PLURIEL   : **cke**, de qui? desquels? desquelles? **ake**, à qui, auxquels, auxquelles?

IIIᵉ Sorte. — LES INDÉFINIS

Ce sont les *adjectifs* et *pronoms indéfinis* français.
Ils n'indiquent pas le *genre*.
A l'exception de *six* vocables, ils sont tous :
1° : De la forme « consonne, consonne et voyelle **a** » au *singulier*, ou lorsque leur sens intrinsèque implique une idée d'*unité*.

Ex. : **kla**, quelqu'un ; **spa**, chacun.

ou, 2° : De la forme « consonne, consonne et voyelle **e** » au *pluriel*, ou lorsque leur sens intrinsèque implique une idée de *pluralité*.

Ex. : **kle**, quelques-uns ; **ske**, plusieurs.

Le *pluriel* est formé par le *changement* de la voyelle finale.

Ex. : **fna**, l'un ou l'autre ; **fne**, les uns les autres.

Six INDÉFINIS ont la forme « voyelle **a**, consonne ». Leur pluriel se forme en ajoutant la voyelle **e**. Ce sont :

SINGULIER		PLURIEL	
ab,	tel, telle ;	**abe,**	tels, telles.
am,	le (la) même ;	**ame,**	les mêmes
ap,	quelconque ;	**ape,**	quelconque
as,	certain, certaine ;	**ase,**	certains.
at,	tout, toute ;	**ate,**	tous, tou...
av,	autre, l'autre ;	**ave,**	autres, les autres

En outre de ceux déjà cités, voici la liste des *indéfinis* :

fra, *aucun des deux ;* **fte**, *toutes choses ;* **knn**. *personne ;* **kra**, *quelque chose ;* **ksa**, *quiconque ;* **kva**, *quoi que ;* **pnn**, *rien ;* **sta**, *on ;* **tle**, *tout le monde ;* **tna**, *ni l'un ni l'autre ;* **tva**, *un des deux ;* **tve**, *tous les deux.*

REMARQUES : 1° Le personnel **sma**, *soi-même*, est, par exception, compris dans la forme des indéfinis.

2° Il existe en **B** des indéfinis qui peuvent indiquer la « proportion » que l'esprit veut attribuer à une notion précise.

On trouvera ces mots utilisés par exemple dans les phrases suivantes :

Donne pas du tout de pain		**snä pan.**
Donne peu de pain		**fla pan.**
Donne un peu de pain.		**tsa pan.**
Donne un peu plus de pain	**Et givo**	**ple pan.**
Donne plus de pain		**pre pan.**
Donne beaucoup (bien du) pain		**tre pan.**
Donne du pain (à profusion).		**sre pan.**

IV° Sorte. — LES DÉMONSTRATIFS

Sont compris dans cette sorte : les *articles*, les *adjectifs* et *pronoms démonstratifs* français.

Ils n'expriment pas le *genre*. Ils sont au nombre de 6.

L'article défini : *le, la, les*, n'existe pas ; le GENRE étant *naturel* en **B**, la distinction à établir, obtenue par la présence de l'article en français, devient inutile.

Par conséquent : le *seul* mot **man** veut dire « l'homme (en général) » ; **fem**, la femme ; **boim** (neutre), l'arbre (en général) (*V.* SYNTAXE, p. 44, *Genre du Nom*).

Les *désignations* seront faites au moyen des vocables suivants dont le *pluriel* se forme par l'*addition* de la voyelle **e** *au singulier*

SINGULIER	PLURIEL
an, article indéfini, *un, une ;*	**ane**, *des*; sens partitif (trois genres).
aq, *ce, cet, cette, celui, celle ;*	**aqe**, *ces, cette, ceux, celles.*
ag, *celui-ci, celle-ci, ceci ;*	**age**, *ceux-ci, celles-ci.*
af, *celui-là, celle-là, cela ;*	**afe**, *ceux-là, celles-là.*

La DÉCLINAISON de tous les mots du **B** (sauf les *Relatifs, Interrogatifs* et *Personnels*) s'effectue à l'aide des deux démonstratifs suivants, qui forment eux-mêmes la déclinaison de l'article **an**, un, une.

GÉNITIF-ABLATIF : **ad**, *d'un* ou *par un, d'une* ou *par une* et *du, de la*, ou *par le (la).*

DATIF : **al**, *à un, à une*. Ce mot signifie aussi : *au, à la.*

Le *pluriel* s'exprime par l'*addition* de la voyelle **e**.

GÉNITIF-ABLATIF : **ade**, *des* ou *par les*. DATIF : **ale**, *aux* ou *à des*.

Exemples

La fille du roi,
La fille d'un roi,   **feg ad reks ;**   les filles des rois, **fegu ade reksu.**

Donne au pauvre,
Donne à un pauvre,   **et givo al pobr ;**   donne aux pauvres,
donne à des pauvres,   **et givo ale pobru.**

REMARQUES : 1°. — Lorsque *un* est considéré comme nombre, il est traduit par la préposition *à* et le nombre « un » **ven.**

Ex. : Donne à un pauvre — **et givo id ven pobr.**

2°. — L'article partitif *du, des,* ne se traduit pas en **B.**

Ex. : Donne du pain et des cerises — **et givo pan it srisu.**

V° et VI° Sortes. — LES POSSESSIFS ET PERSONNELS

Ces deux sortes sont les mêmes qu'en français ; elles comprennent les *adjectifs possessifs,* les *pronoms possessifs* et *personnels* français.

Elles sont étudiées ensemble parce que le principe de leurs significations repose sur la présence d'*une seule* consonne *symbolique,* caractéristique de chacune des personnes.

Malgré *toutes* les variations de *genre,* de *nombre* et de *cas,* qui peuvent influer sur UNE personne, *la même* consonne *subsiste toujours,* mais elle se rencontre différemment encadrée, suivant *le cas* auquel on considère la personne en question, ou même suivant *la nature* du vocable.

Sur le tableau de la page suivante, on peut étudier n'importe laquelle des lignes horizontales, affectées chacune à *une des personnes* et l'on trouvera toujours dans tous les mots inscrits sur une même ligne *une seule et même* consonne symbolique de la *personnalité.*

On remarquera également sur ce tableau l'établissement d'un *personnel de politesse* à la 2° personne, aussi bien au singulier qu'au pluriel. Cette création est absolument nécessaire puisque la « civilisation » nous oblige à posséder une forme *familière* et une forme *respectueuse* pour adresser la parole à quelqu'un.

Il y aura donc 6 personnes au singulier et au pluriel : 1°, 2° *familière,* 2° *respectueuse,* 3° *masculin,* 3° *féminin* et 3° *neutre.*

La consonne *caractéristique* de chacune de ces personnes est :

SINGULIER : 1° : **m** ; 2° : **t** ; 2° *respect.,* **v** ; 3° *masc.* : **s** ; 3° *fém.* : **l** ; 3° *neutre* : **q.**
PLURIEL   : 1° : **n** ; 2° : **p** ; 2° *respect.,* **g** ; 3° *masc.* : **b** ; 3° *fém.* : **f** ; 3° *neutre* : **d.**

La connaissance de ces 12 *consonnes caractéristiques* et les quelques règles indiquées ci-après permettent d'opérer avec la plus grande facilité *toutes* les variations dans les personnels et les possessifs.

Abréviations :
R, respectueux
N, neutre; F, féminin.

TABLEAU GÉNÉRAL DES Vᵉ ET VIᵉ SORTES DES DÉSIGNATIFS.
ADJECTIFS ET PRONOMS POSSESSIFS. — PRONOMS PERSONNELS.

	PERSONNELS						POSSESSIFS	
	Nominatif.	Accusatif.	Datif.	Génitif-Ablatif.	Vocatif.	Emphatique.	Singulier.	Pluriel.
Idée d'unité (singulier).								
1re personne..	me je, moi	ma moi	ama me, à moi	ema de ou par moi	em moi!	eme moi-même	mea mon ou le mien, ma ou la mienne	mae mes ou les miens, les miennes
2e pers. (familière)......	te tu	ta toi	ata te, à toi	eta de ou par toi	et toi!	ete toi-même	tea ton ou le tien, ta ou la tienne	tae tes ou les tiens, les tiennes
2e pers. (respectueuse)*.	ve tu (R)	va toi (R)	ava te, à toi (R)	eva de ou par toi(R)	ev toi! (R)	eve toi-même (R)	vea ton ou le tien (R), ta ou la tienne	vae tes ou les tiens(R), les tiennes
3e pers. (masculin)......	se il	sa le	asa le, lui	esa de ou par lui	es lui	ese lui-même	sea son ou le sien	sae ses ou les siens
3e pers. (féminin)......	le elle	la la	ala la	ela de ou par elle	el elle!	ele elle-même	lea sa ou la sienne	lae ses(F), les siennes
3e pers. (neutre)........	ye il (N)	ya le (N)	aya le, lui (N)	eya de ou par lui (N)	ey lui! (N)	eye lui-même (N)	yea son ou le sien (N)	yae ses ou les siens(N)
Idée de pluralité (pluriel).								
1re personne..	ne nous	na nous	ana à nous	ena de ou par nous	en nous!	ene nous-mêmes	nea notre ou le nôtre	nae nos ou les nôtres
2e pers. (familière)**.....	pe vous	pa vous	apa à vous	epa de ou par vous	ep vous!	epe vous-mêmes	pea votre ou la vôtre	pae vos ou les vôtres
2e pers. (respectueuse)..	ge vous (R)	ga vous(R)	aga à vous (R)	ega de ou par vous(R)	eg vous!(R)	ege vous-mêmes (R)	gea votre ou le vôtre(R)	gae vos ou les vôtres(R)
3e pers. (masculin)......	be ils	ba eux	aba à eux	eba de ou par eux	eb eux!	ebe eux-mêmes	bea leur ou le leur	bae leurs ou les leurs
3e pers. (féminin)......	fe elles	fa elles	afa à elles	efa de ou par elles	ef elles!	efe elles-mêmes	fea leur (F) ou « leur	fae leurs ou les leurs (F)
3e pers. (neutre)........	de ils (N)	da eux (N)	ada à eux (N)	eda de ou par eux (N)	ed eux! (N)	ade eux-mêmes (N)	dea leur ou le leur (N)	dae leurs ou les leurs(N)

Il faut ajouter à cette liste deux mots qui rentrent dans les Personnels :
su qui veut dire « se », mot cadre de « réflexion » servant indistinctement à toutes les personnes. Ex. : je m'aime, **me su lovo** ; tu t'aimes, **te su lovo.**
sma, indéfini dont la signification est « *soi* » ou « *soi-même* ». (*V. page suivante.*)

* Il eût fallu écrire « *vous* », sur toute cette ligne, pronom respectueux de la seconde personne du singulier, mais cela aurait prêté à confusion. — Tu « respectueux » remplace le mot français « vous » lorsqu'on s'adresse respectueusement à une seule personne.

** Ici, sur toute cette ligne « *vous* » indique qu'on s'adresse à plusieurs personnes que l'on tutoierait séparément. Exemple : en parlant à ses enfants

DÉCLINAISON

Dans les cas déjà étudiés, la *déclinaison* des PERSONNELS s'eff tue comme celle des *relatifs* et des *interrogatifs ;* c'est-à-dire que : au cas *génitif-ablatif*, il suffit de préfixer un **e**, et, au cas *datif*, un **a** ; mais ici ces variations casuelles s'effectuent sur le personnel à l'*accusatif*.

En effet, les personnels ont deux autres cas: l'*accusatif* et le *vocatif*.

L'*accusatif* est le même mot que le *nominatif*, sauf le changement de la lettre finale, voyelle **a** au lieu de **e**.

Ex. : me, je ; ma, me. — be, ils ; ba, eux.

Le *vocatif* se forme en renversant l'ordre des lettres du nominatif, par *anagramme.*

Ex. : te, tu ; et, toi ! — se, il ; es, lui !

TABLEAU DE LA DÉCLINAISON DES PERSONNELS :

A toutes les personnes.		*Exemple :*
(**c** = consonne quelconque).		*avec la lettre* **m** (*1re personne singulier*).

Nominatif,	**ce**	**me,**	je.
Génitif-ablatif,	**eca**	**ema,**	de ou par moi.
Datif,	**aca**	**ama,**	me ou à moi.
Accusatif,	**ca**	**ma,**	moi.
Vocatif,	**ec**	**am,**	moi !

Les PERSONNELS EMPHATIQUES, obtenus dans la langue française par l'addition du mot « *même* » aux personnels, sont formés en **B** par des vocables dont la contexture sera : *voyelle* **e**, *consonne caractéristique, voyelle* **e**.

Exemples : *moi-même,* **eme ;** *toi-même,* **ete ;** *lui-même,* **ese ;** *nous-mêmes,* **ene.**

STRUCTURE DES POSSESSIFS :

AU SINGULIER : *Une* des douze consonnes caractéristiques et les voyelles **ea**.

Exemples : **mea**, mon, ma, le mien, la mienne. — **tea**, ton, ta, le tien, la tienne; **nea**, nôtre, le nôtre, la nôtre.

AU PLURIEL : *Une* des douze consonnes caractéristiques et les voyelles **ae**.

Exemples : **mae**, mes, les miens, les miennes. — **tae**, tes, les tiens, les tiennes. — **nae**, nos, les nôtres.

Dans les POSSESSIFS, la *déclinaison* se fait au moyen des démonstratifs.

ad mea, de mon, de ma, du mien, de la mienne.
al mea, à mon, à ma, au mien, à la mienne.
ade mae, de mes, des miens, des miennes.
ale mae, à mes, aux miens, aux miennes.

A la 3e personne, le *genre* du possesseur se trouvera toujours exprimé par le possessif lui-même (*V.* SYNTAXE, p. 42).

2ᵉ Catégorie du langage

LES GRANMOTS

Les GRANMOTS sont des vocables formant la *2ᵉ Catégorie du Langage*. Ils comprennent toute la série des représentations des idées *précises;* ils donnent la possibilité d'exprimer toutes les *notions de substance, d'état ou d'action.*

Afin de faire mieux saisir la nature des GRANMOTS, supposons les mots suivants émis ou écrits *isolément :*

cheval, — deux, — courir, — grand, — fortement.

On comprend qu'à la seule audition ou à la seule vision d'un de ces vocables, l'auditeur ou le lecteur possède déjà une connaissance suffisante de la pensée de l'interlocuteur ou de l'écrivain.

Ce sont ces sortes de mots qui, réunies sous le nom générique de GRANMOTS, seront étudiées dans les *quatre dernières* Parties du Discours.

Pour obéir à la 3ᵉ RÈGLE-BASE du **B : une classe, un aspect** », — loi de distinction entre chaque classe et entre chaque catégorie, qui constitue la méthode de la LANGUE BLEUE, — les GRANMOTS seront tous LONGS.

Les GRANMOTS auront *au moins* **trois** *lettres*, et, s'ils sont de trois lettres, ils seront terminés par une *consonne.*

La distinction entre les quatre classes de mots de la catégorie des GRANMOTS, qui forment les quatre dernières parties du discours, se fera toujours par la SONORITÉ de la LETTRE FINALE :

Les NOMS et NOMBRES auront comme lettre finale : une *consonne autre* que **ɥ** et **d** (ou, *au pluriel*, l'outil **u**).

Les VERBES auront comme lettre finale : une *voyelle* (pas l'outil **u**).

Les ATTRIBUTIFS auront comme lettre finale : la *consonne* **d.**

Les MODIFICATIFS auront comme lettre finale : la *consonne* **ɥ.**

Les GRANMOTS sont *incommutables*, c'est-à-dire qu'aucun GRANMOT d'une classe ne peut être employé pour remplacer un GRANMOT d'une *autre* classe.

Variations des Granmots.

Le **Nombre** modifie seulement les *noms* et les *numéraux.*
Le **Genre** modifie seulement les *noms.*
La **Voix** modifie le *mot verbal*, mais seulement en cas de notion *passive.*
La **Margueritation** modifie *tous* les GRANMOTS, sauf les *nombres.*
Le **Mode** ou la **Personne** ne modifient jamais aucun GRANMOT.

II° DIVISION DE LA GRAMMAIRE

Les Granmots. — 2ᵉ CATÉGORIE DU LANGAGE

Vᵉ PARTIE DU DISCOURS

LES NOMS ET NOMBRES (1)

1ʳᵉ Classe des Granmots

LES NOMS et NOMBRES sont des *Granmots* finissant tous par une consonne quelconque sauf **ų** et **d**, sauf lorsque ces mots seront pris au *pluriel ;* ils se terminent alors par l'outil **u**.

Ils commencent également tous par une consonne, sauf les substantifs pris au *féminin*, qui commencent par l'outil **u** (2).

LES NOMBRES

Comme en français, ils sont de deux sortes : *cardinaux* et *ordinaux*.

1ʳ SORTE : Les CARDINAUX

Les 15 CARDINAUX, *souches* de toutes les notions de *nombre*, sont :

1	**ven**	4	**far**	7	**ųep**	10	**dis**
2	**dov**	5	**kel**	8	**lok**	100	**son**
3	**ter**	6	**gab**	9	**nif**	1,000	**mel**

« Zéro » est traduit **nol ;** un million, **mļon ;** un milliard, **mlar.**

---

(1) Ces deux sortes de mots ont une *même contexture* en B.
L'innombrable variété de leurs formes exigeait ce classement au point de vue *pratique* de la répartition des *Aspects*.

(2) Les noms peuvent également commencer par une voyelle, lorsque leur sens est modifié par la *Margueritation* (*Voir* SYNTAXE, p. 48).

La **numération** se forme comme suit :

1re *Règle*. — En *suffixant* la syllabe **is** (abréviation de **dis**) au chiffre des unités pour former les *dizaines*.

Ex. : 30, teris ; 90, nifis.

2° *Règle*. — En *préfixant* la syllabe **di** (abréviation de **dis**) au chiffre des unités pour former les nombres de 10 à 20.

Ex. : 12, didov ; 18, dilok.

3° *Règle*. — Les unités comprises entre les autres dizaines se placent, comme en français, *après* les dizaines.

Ex. : 44, faris far ; 75, qepis kel.

4° *Règle*. — Il faut s'arrêter dans la représentation du nom de nombre *chaque fois* que l'on rencontre un des sons : **dis** (ou l'abréviation **is**), **son, mel.**

Ex. : 1126, mel venson dovis gab.

Observations. — On remarquera que « mille cent » se traduit par « mille *un* cent ». 1900 pourra se traduire : **mel nifson** ou **dinifson.**

Le PLURIEL des *cardinaux* peut être formé en deux cas : 1° en cas de *substantivation* du nombre ; 2° pour indiquer *l'heure*. (*V.* SYNTAXE, p. 43.)

2° SORTE : Les ORDINAUX

Les ORDINAUX se forment *toujours* à l'aide de *cardinaux* en y ajoutant, selon leurs significations, une *terminaison absolue* différente (1).
Aucune indication de *genre* ne s'y trouve exprimée.
Les *terminaisons absolues* employées sont les suivantes :

em pour indiquer le *rang*.	Ex. : le deuxième	**dovem.**
ip — la *multiplication précise*	— le triple	**terip.**
om — la *division précise*	— le quart	**farom.**
am — la *collectivité vague*	— la huitaine	**'lokam.**
erl — la *collectivité de sortes* (distinctifs)	— de sept sortes	**qeperl.**
olt — la *collectivité de fois* (replicatifs).	— neuf fois	**nifolt.**

Le PLURIEL des ordinaux se forme comme celui des substantifs par la *suffixation* de l'outil **u** :

Ex. : Les premiers et les seconds. Vanemu it dovemu.

---

(1) Les *terminaisons absolues* sont des désinences qui, non seulement servent à inclure certains sens dans les mots, mais qui de plus sont l'*unique moyen* de traduire en **B** les significations qu'elles apportent à ces mêmes mots (*Voir* SYNTAXE, p. 51).

LES NOMS

Les NOMS comprennent en **B** les mêmes subdivisions qu'en français :
Noms propres. — *Noms communs.* — *Noms composés.*

NOMS PROPRES. — Ces mots sont « hors la langue ». Il est impossible de les soumettre à une réglementation. (*V.* SYNTAXE, p. 45).

On doit les écrire avec une majuscule initiale, et, autant que possible, avec les caractères de l'alphabet de la Langue Bleue.

NOMS COMMUNS. — GENRE. En **B**, trois genres : *masculin*, *féminin*, *neutre.* Le genre est *naturel.* Tous les mots n'ayant pas dans la nature un sexe déterminé sont du genre *neutre.*

Le *féminin* se forme du nom général (1) par la *préfixation* de l'outil **u** au mot.

Ex. : **kval,** *le cheval ;* **ukval,** *la jument* — **bov,** *le bœuf ;* **ubov,** *la vache.*

NOMBRE. — Le *pluriel* se forme *toujours* du singulier par la *suffixation* de l'outil **u**.

Ex. : **kval,** *le cheval ;* **kvalu,** *les chevaux* — **bov,** *le bœuf ;* **bovu,** *les bœufs.*

La *réunion* des deux règles précédentes donnera le *féminin pluriel.*

Ex. : **ukvalu,** *les juments ;* **ubovu,** *les vaches.*

NOMS COMPOSÉS. — Pour former les noms composés, il faut se souvenir des règles suivantes :

1° Il ne peut y avoir que *deux* termes dans un nom composé ;
2° Les deux termes formatifs sont toujours des *noms* (ou nombres ;
3° La notion principale est toujours énoncée la dernière ;
4° Les deux portions du mot sont reliées par l'outil **u** qui, dans ce cas seulement, se trouve à l'intérieur et au *milieu* d'un mot.

L'*outil* **u** devient ainsi une sorte de *trait-d'union* à la fois *oral* et *écrit.*

EXEMPLES de NOMS COMPOSÉS

vintumilv,	moulin à vent,	de **vint,**	vent	et	**milv,**	moulin.
vatumilv,	moulin à eau,	de **vat,**	eau	et	**milv,**	moulin.
danfumilv,	moulin à vapeur,	de **danf,**	vapeur	et	**milv,**	moulin.
kilukram,	kilogramme,	de **kil,**	1000 fois plus	et	**kram,**	gramme.
terumes,	trimestre,	de **ter,**	trois	et	**mes,**	mois.

La pluralisation des noms composés s'effectue comme celle des noms ordinaires ; c'est-à-dire, par l'addition de l'outil **u**.

Ex. : Le wagon-lit, **dormukar** ; les wagons-lits, **dormukaru.**

---

(1) *V.* SYNTAXE (p. 44), pour l'expression de la *masculinité,* ainsi que pour celle du *Féminin de civilisation,* et pour l'énumération des 30 mots substantifs ayant une expression différente suivant le sexe attribué (p. 45).

VI° PARTIE DU DISCOURS

LES VERBES

2⁰ Classe des Granmots

Les VERBES sont des *Granmots* finissant toujours par une voyelle (autre que **u**).

En raison du système de formation des mots précis du **B**, ils ne peuvent avoir *moins de deux syllabes*, ni *moins de quatre lettres*.

Les *verbes* de la LANGUE BLEUE sont les mêmes que ceux de la classe correspondante en français, à l'exception des *Participes* qui seront répartis dans les *deux dernières* parties du discours.

La définition du verbe **B** est : *un mot qui signifie « avec temps »*.

En effet, en outre de la *passivité*, la seule modification que puisse subir un mot verbal est celle qu'apporte la notion du *temps* (1).

Le verbe est *invariable* en PERSONNE et en MODE.

Ces notions existent *hors du mot verbal* lui-même, comme suit :

PERSONNE. — Le nom ou le pronom personnel *sujet* suffira à fixer la personne à laquelle se trouve un verbe.

MODE. — C'est en dehors du mot verbal qu'on obtient cette indication.

Le mode *participe* est rejeté à d'autres classes.

Le mode *conditionnel* n'existe pas dans la Langue Bleue (V. p. 14).

Quatre MODES subsistent : le mode *impersonnel : Infinitif* et les trois modes *personnels : Indicatif, Exclamatif* (Impératif) (2) et *Subordonné*.

Leur différenciation s'effectuera comme suit :

1° INFINITIF, *absence* de tout mot sujet ;

2° INDICATIF } *présence* d'un pronom personnel sujet { au *nominatif ;*
3° EXCLAMATIF } { au *vocatif* (3) ;

4° SUBORDONNÉ, *présence* d'un des deux mots-cadres **ku** ou **knu** placés entre la proposition principale et la subordonnée.

---

(1) Voir à la SYNTAXE, p. 48, pour la variation apportée au mot verbal par la MARGUERITATION.

(2) Ce mode est appelé *Exclamatif* et non *Impératif,* parce que ce n'est pas seulement l'*ordre,* mais bien encore la *prière,* l'*appel,* la *menace,* qui doivent être ainsi exprimés.

(3) Si le sujet du verbe exprimé au mode exclamatif est un *nom,* il faut toujours employer un personnel au *vocatif* après ce nom. En effet, la phrase **man komo** veut dire : « L'homme vient. » Si l'on veut interpeller quelqu'un et dire : « Homme ! viens ! », il faut traduire **man et komo,** c'est-à-dire : Homme ! toi ! viens !

TEMPS. — Le mot verbal se formera en **B** par l'addition au Nom-souche d'une des *terminaisons absolues*, voyelles **a, e, i, o**.

Il est créé un nouveau temps, appelé l'ÉTERNEL, qui comprend la notion verbale incluant à la fois les trois autres temps généralement seuls fixés : *passé, présent* et *futur* (1).

Les attributions de sens suivantes sont données aux voyelles *déterminatives* des temps qui terminent le mot verbal :

i final signifie le temps *éternel.*
o — — *présent.*
e — — *passé.*
a — — *futur.*

CONJUGAISON

A la page 29, dans un Tableau, — forme habituelle de toutes les grammaires, — on trouvera la conjugaison du verbe **B** à la **voix active**.

Cette conjugaison *unique* ne comporte *aucune exception* (2).

Les verbes étant *invariables* en personne, la 1re personne de chaque temps y est seule indiquée.

Néanmoins, pour montrer la physionomie d'un temps entier du verbe **B**, il est préférable d'en donner un exemple complet :

Passé défini du *Verbe* AIMER : **lovi.**

Ce passé défini est dérivé de l'*Infinitif passé :* **love.**

me	**love**	j'aimai.
te	**love**	tu aimas.
ve	**love**	vous aimâtes (en s'adressant respectueusement à une seule personne).
se	**love**	il aima.
le	**love**	elle aima.
qe	**love**	il (cela) aima (le sujet étant neutre).
ne	**love**	nous aimâmes.
pe	**love**	vous aimâtes (en s'adressant familièrement à plusieurs personnes).
ge	**love**	vous aimâtes (en s'adressant respectueusement à plusieurs personnes).
be	**love**	ils aimèrent.
fe	**love**	elles aimèrent.
de	**love**	ils aimèrent (le sujet étant neutre).

---

(1) Cette création est nécessaire. En français, que signifie « *l'homme meurt* » ? Cette phrase veut-elle dire « l'homme est mortel » ou un « homme meurt en ce moment » ? Grâce à la distinction établie on pourra supprimer le verbe *être* « copule ».

On a déjà le verbe ordinaire : je suis aimant = j'aime = **me lovo**.

On aura de même : je suis bon, **me bono** ; je suis malade, **me lalgo**.

(2) Il faut noter ici : 1° : que le *passé antérieur* et le *plus-que-parfait* sont confondus dans la conjugaison ; 2° : que la deuxième forme du *participe passé* français se traduit par une tournure de phrase.

Ex. : Ayant aimé. **Os love.** Traduction littérale : *Après avoir aimé.* De même : « Ayant été aimé » se traduira par : **os lovue** ; *après avoir été aimé.*

Pour achever l'établissement de la CONJUGAISON, il suffit de savoir que l'*antériorité* des temps sera effectuée par la *préfixation* de l'outil **u** au mot verbal dans le mode *indicatif* et que dans les autres modes les *antériorités*, inutiles dans la pratique, n'existeront pas en **B**.

Cette règle permet de supprimer l'emploi de tous *verbes auxiliaires*.

Ex. : *J'aimerai*, **me lova** ; *j'aurai aimé*, **me ulova.**
Je viens,   **me komo**; *je suis venu*,   **me ukomo.**

DÉRIVATION des TEMPS

La *suffixation* au Nom-Souche des *quatre voyelles* caractéristiques « du temps » permet d'établir *quatre infinitifs*.

Par exemple, avec le mot : **lov**, *amour*, on obtiendra les sens :

lovi,	aimer (toujours).
lovo,	aimer (en ce moment).
love,	aimer dans le passé, *avoir aimé*.
lova,	aimer dans le futur, *devoir aimer*.

Les temps des *modes personnels* seront dérivés des quatre infinitifs comme suit :

De l'INFINITIF ÉTERNEL : **lovi**, *aimer toujours*, seront créés :

Au MODE INDICATIF :	un temps simple	*j'aime* (toujours),	**me lovi.**
Au MODE EXCLAMATIF :	—	*que j'aime!* (toujours),	**em lovi.**
Au MODE SUBORDONNÉ :	—	*que j'aime* (toujours), (1)	**ku me lovi.**

Et, au mode indicatif, un temps composé, l'IMPARFAIT : *j'aimais*, **me ulovi**

De l'INFINITIF PRÉSENT : **lovo**, *aimer en ce moment*, seront créés :

Au MODE INDICATIF :	un temps simple	*j'aime* (en ce moment),	**me lovo.**
Au MODE EXCLAMATIF :	—	*que j'aime!* (en ce moment),	**em lovo.**
Au MODE SUBORDONNÉ :	—	*que j'aime*	**ku me lovo.**

Et, au mode indicatif, un temps composé, le PASSÉ INDÉFINI : *j'ai aimé*, **me ulovo.**

De l'INFINITIF PASSÉ : **love**, *avoir aimé*, seront créés :

Au MODE INDICATIF :	un temps simple	*j'aimai*	**me love.**
Au MODE EXCLAMATIF :	—	*ai-je aimé!*	**em love.**
Au MODE SUBORDONNÉ :	—	*que j'aimasse,*	**ku me love.**

Et, au mode indicatif, un temps composé, PASSÉ ANTÉRIEUR et PLUS-QUE-PARFAIT : *j'eus ou j'avais aimé*, **me ulove.**

De l'INFINITIF FUTUR : **lova**, *devoir aimer*, seront créés :

Au MODE INDICATIF :	un temps simple	*j'aimerai,*	**me lova.**
Au MODE EXCLAMATIF :	—	*aimerai-je!*	**em lova.**
Au MODE SUBORDONNÉ :	—	*que j'aime* (plus tard)	**ku me lova.**

Et, au mode indicatif, un temps composé, le FUTUR ANTÉRIEUR : *j'aurai aimé*, **me ulova.**

---

(1) En cas de *subordination négative*, le mot-cadre **knu** remplace le mot-cadre **ku** usité seulement pour le mode subordonné avec idée d'*affirmation*.

TYPE UNIQUE DE LA CONJUGAISON ACTIVE EN B. — VERBE AIMER: **lovi**.

MODE INFINITIF

ÉTERNEL	PRÉSENT	PASSÉ	FUTUR
lovi, aimer (*toujours*)	**lovo**, aimer (*en ce moment*).	**love**, avoir aimé.	**lova**, devoir aimer

MODE INDICATIF

Temps simples :

INDICATIF ÉTERNEL	INDICATIF PRÉSENT	PASSÉ DÉFINI	FUTUR
me lovi, j'aime (*toujours*).	**me lovo**, j'aime (*en ce moment*).	**me love**, j'aimai.	**me lova**, j'aimerai.

Temps composés :

IMPARFAIT	PASSÉ INDÉFINI	PASSÉ ANTÉRIEUR et PLUS-QUE-PARFAIT	FUTUR ANTÉRIEUR
me ulovi, j'aimais.	**me ulovo**, j'ai aimé.	**me ulove**, j'eus ou j'avais aimé.	**me ulova**, j'aurai aimé.

MODE EXCLAMATIF

IMPÉRATIF ÉTERNEL	IMPÉRATIF PRÉSENT	IMPÉRATIF PASSÉ	IMPÉRATIF FUTUR
em lovi, aimé-je, moi! (*toujours*).	**em lovo**, aimé-je, moi! (*en ce moment*).	**em love**, ai-je aimé, moi!	**em love**, aimerai-je, moi!

MODE SUBORDONNÉ

SUBJONCTIF ÉTERNEL	SUBJONCTIF PRÉSENT	SUBJONCTIF PASSÉ et IMPARFAIT du SUBJONCTIF	SUBJONCTIF FUTUR
ku me lovi, que j'aime (*toujours*).	**ku me lovo**, que j'aime (*en ce moment*)	**ku me love**, que j'aie aimé ou que j'aimasse.	**ku me lova**, que j'aimerai.

VOIX. — En **B** comme en français, on compte **trois** voix : la *voix active*, la *voix passive* et la *voix réflexe* (pronominale).

Nous venons d'étudier la *voix active*.

La conjugaison des deux autres voix est d'une grande simplicité.

Voix passive. — A tous les modes, à tous les temps, à toutes les personnes, *intercaler* l'outil **u** entre les deux dernières lettres du verbe.

Ex. :　　　**lovui,** être aimé toujours.
　　　　me lovuo, je suis aimé en ce moment.
　　　　me ulovua, j'aurai été aimé.

On voit que cette règle supprime également *l'auxiliaire* dans la voix passive.

Voix pronominale. — A tous les modes, à tous les temps, à toutes les personnes, faire précéder le mot verbal d'un des deux *mots-cadres* suivants :

su si le réflexe est *affirmatif ;* **snu** si le réflexe est *négatif.*

S'aimer,	**su lovi.**	Ne pas s'aimer,	**snu lovi.**
Je m'aime,	**me su lovo.**	Je ne m'aime pas,	**me snu lovo.**
Tu t'aimas,	**te su love.**	Tu ne t'aimas pas,	**te snu love.**
Il s'aimera,	**se su lova.**	Il ne s'aimera pas,	**se snu lova.**
Aimons-nous,	**en su lovo.**	Ne nous aimons pas,	**en snu lovo.**

Le VERBE IMPERSONNEL s'exprime à tous les temps par le personnel à la 3ᵉ personne du singulier, genre neutre.

qe plovo, *il pleut,* traduction littérale : *cela pleut.* **qe plova,** *il pleuvra.*

SIGNIFICATION DU VERBE par rapport au Nom-Souche.

La première classe des mots précis, les NOMS et NOMBRES, étant adoptée pour former les *racines* des autres GRANMOTS (sauf les adverbes simples), il faut exposer le raisonnement qui préside à la dérivation verbale.

La « verbification » doit indiquer *la manifestation verbale la plus usuelle.*

La transformation de la notion substantive en mot verbal se fera en ajoutant à la signification du *nom-souche* une des extensions de sens suivantes et *dans cet ordre :*

1° *Être dans l'état de…* ou *avoir ;* 2° *Accomplir ;* 3° *Faire usage de…*

Si le premier essai de transformation verbale ne donne aucune signification que le « bon sens » puisse adopter, il faut passer à la seconde opération, et de même, si nécessaire, à la troisième (*V.* p. 59).

VIIe PARTIE DU DISCOURS

Adjectifs qualificatifs et Participes (sauf *gérondifs*)

réunis sous le nom de :

ATTRIBUTIFS

3e Classe des Granmots.

Les ATTRIBUTIFS sont des *Granmots* qui comprennent les *adjectifs qualificatifs* et tous les *participes* du français, sauf les *gérondifs* (1).

L'aspect caractéristique des ATTRIBUTIFS est leur *lettre finale : d.*

Les ATTRIBUTIFS commencent toujours par une consonne, à moins qu'ils ne se trouvent à *un degré de comparaison.*

En raison du système de formation des mots précis du **B**, ils ne peuvent avoir *moins de deux syllabes* ni *moins de cinq lettres.*

En effet, comme tous les autres mots précis, ils sont dérivés des *noms* ou *nombres*) et se forment en *ajoutant au nom-souche* une des *terminaisons absolues :* **ad, ed, id, od** (2).

Chacune de ces terminaisons aura un sens spécial :

id, le sens d'un participe présent, avec idée de qualité *éternelle ;*
od, le sens d'un participe présent, avec idée de qualité *transitoire ;*
ed, le sens d'un adjectif qualificatif *général* ou celui d'un participe passé ;
ad, le sens d'un adjectif qualificatif avec notion de *possibilité* ou de *devoir ;*

Exemple des attributions de significations :

lovid,   aimant (en général);
lovod,   aimant (en ce moment);
loved,   aimé;
lovad,   aimable (qui peut être *aimé*, ou, qui doit être *aimé*).

---

(1) C'est-à-dire, sauf les *participes présents*, avec lesquels le mot *en* est exprimé ou sous-entendu.

Ces participes présents, exprimant des *modifications secondaires* d'action, seront classés avec les MODIFICATIFS, *8e partie du discours* (V. p. 33).

(2) Ou, ce qui revient au même, en ajoutant un **d** aux quatre temps des verbes.

Les ATTRIBUTIFS sont toujours invariables en GENRE et en NOMBRE.

Ex.: *Un père aimé,* **an per loved;** *une mère aimée,* **an mer loved;**
Des pères aimés, **ane peru loved;** *des mères aimées,* **ane meru loved;**

une maison aimée, **an dom loved.**
des maisons aimées, **ane domu loved.**

DEGRÉS DE COMPARAISON

Il faut appliquer ici la Règle de la MARGUERITE (*V.* page 11).

En effet, la *préfixation* des Interjections aux Attributifs permet l'établissement rapide des cinq degrés de comparaison (1). On se servira des interjections comme suit :

a, (*manque*) pour traduire la notion d'inférioratif absolu. . . *le moins.*
o, (*doute*) — d'inférioratif relatif . . . *moins.*
u, (*égalité*) — de comparaison d'égalité *aussi.*
e, (*exubérance*) — de supérioratif relatif . . *plus.*
i, (*paroxysme*) — de supérioratif absolu. . *le plus.*

Pour exprimer les notions de *rapport* avec d'autres mots, on ajoutera les conjonctions **of**, *de*, dans les deux degrés extrêmes, et la conjonction **ko**, *que*, dans les trois autres degrés intermédiaires.

Voici deux exemples d'application de la « Marguerite » avec les qualificatifs, **pored**, *peureux, craintif,* et **praved**, *courageux, vaillant* (2).

*Exemples d'*ATTRIBUTIFS *à leurs divers degrés de comparaison :*

Degrés de comparaison pure :			Expressions de rapport avec un autre mot.		
ipored	le plus	craintif	**ipraved of.**	le plus	courageux de
epored	plus	craintif	**epraved ko.**	plus	courageux que
upored	aussi	craintif	**upraved ko.**	aussi	courageux que
opored	moins	craintif	**opraved ko.**	moins	courageux que
apored	le moins	craintif	**apraved of.**	le moins	courageux de

(1) On pourrait sans inconvénient se servir également des adverbes **pliu** plus, **leu** moins, mais la MARGUERITATION donne des traductions préférables par leur concision.

(2) Voir page 18 pour la similitude de traduction des Attributifs pour exprimer les notions de proportion.

VIII° PARTIE DU DISCOURS

Adverbes et participes gérondifs

réunis sous le nom de :

MODIFICATIFS

4ᵐᵉ Classe des Granmots.

Les MODIFICATIFS sont des *Granmots* qui comprennent tous les adverbes du français et également les *participes gérondifs*, c'est-à-dire les participes présents accompagnés du mot « *en* » exprimé ou sous-entendu.

L'aspect caractéristique des MODIFICATIFS est leur *lettre finale* : ֵ**ц**.

Ils sont toujours *invariables* par leur nature. Ils commencent toujours par une consonne, à moins qu'ils ne se trouvent à un *degré de comparaison*.

Au point de vue de la *formation* du langage, les MODIFICATIFS sont divisés en *deux* sortes :

    1° LES ADVERBES SIMPLES.
    2° LES ADVERBES DE QUALITÉ et PARTICIPES GÉRONDIFS.

L'ADVERBE SIMPLE, qui représente, en une expression elliptique, toute une série de pensées complexes, *ne peut pas* être dérivé en **B** d'un NOM-SOUCHE comme tout autre mot précis du langage.

Les *adverbes simples* seront tous des vocables d'*une syllabe* (1), d'au plus *quatre lettres*.

Ils auront une des trois structures suivantes (**c** = *consonne*; **v** = *voyelle*):

1°. : **cvц**. Ex. : **moц**. — 2° : **cevц**. Ex. : **pliц**. — 3° **cv** { **lц.** **nц.** **rц.** } Ex. : **nalц, bcnц, lorq.**

---

(1) Sauf quelques adverbes composés, tels que **dovugéц**, *avant-hier*, et sauf également, bien entendu, lorsqu'ils seront *margueritès*, c'est-à-dire à un degré de comparaison. Ex. : **isreц**, *le plus souvent*.

Au contraire, en raison du système de formation des mots précis du **B**, les ADVERBES DE QUALITÉ et les GÉRONDIFS seront créés des *noms-souches* par l'adjonction d'une des *terminaisons absolues* **aɥ**, **eɥ**, **iɥ**, **oɥ** (1).

Ils ne peuvent par conséquent avoir *moins de deux syllabes*, ni *moins de cinq lettres*.

Chacune de ces terminaisons aura un sens spécial et qui sera fixé par le sens des attributifs correspondants en **ad**, **ed**, **id**, **od**.

aɥ, le sens d'un participe présent avec idée d'action *éternelle.*
oɥ, le sens d'un participe présent avec idée d'action *transitoire.*
eɥ, le sens d'un adverbe de qualité pris en *général.*
aɥ, le sens d'un adverbe de qualité avec notion de *possibilité* ou de *devoir.*

Exemple des attributions de significations :

loviɥ	aimant (*en aimant*) en général.
lovoɥ	aimant (*en aimant*) en ce moment.
loveɥ	« aimément », *avec amour.*
lovaɥ	aimablement (2).

La similitude des sens apportés par les *sonorités vocales* finales des ATTRIBUTIFS et des MODIFICATIFS permettra, — par le simple changement du **d** final, caractéristique de l'*attributif*, en **ɥ** final, caractéristique du *modificatif*, — une transformation rapide et pratique de l'expression de la *qualité* en celle de modification d'*action* d'une même notion.

DEGRÉS DE COMPARAISON

La MARGUERITATION produit dans les *Modificatifs* les mêmes valeurs intensives que dans les *attributifs*. (*V.* p. 32.)

Voici deux exemples d'application avec l'adverbe simple : **sreɥ**, *souvent*, et avec l'adverbe de qualité **lovaɥ**, *aimablement* (3).

Degrés de comparaison pure :			Expressions de rapport avec un autre mot :					
isreɥ	le plus	souvent	**ilovaɥ**	**of**	le	plus	aimablement	de
esreɥ	plus	souvent	**elovaɥ**	**ko**		plus	aimablement	que
usreɥ	aussi	souvent	**ulovaɥ**	**ko**		aussi	aimablement	que
osreɥ	moins	souvent	**olovaɥ**	**ko**		moins	aimablement	que
asreɥ	le moins	souvent	**alovaɥ**	**of**	le	moins	aimablement	de

(1) Ou, ce qui revient au même, en ajoutant un **ɥ** aux quatres temps des verbes.

(2) Le sens qu'il faut donner à cet adverbe n'est pas celui de : « avec amabilité », mais bien celui de « manière d'être » de « qui peut être aimé » ou de « qui doit être aimé ». (Voir p. 31.)

(3) Voir page 48 pour la similitude de traduction des Attributifs pour exprimer es notions de proportion. Il en sera de même pour les Modificatifs.

RÉSUMÉ DE LA FORMATION DES MOTS PRÉCIS

En résumé, sauf les *adverbes simples*, tous les mots précis de la **Langue Bleue** sont dérivés des NOMS ou NOMBRES considérés comme SOUCHES du langage.

Cette dérivation s'effectue toujours par *allongement* de la finale.

Cette formation *gonflante, développante* des mots du **B** est similaire à celle que l'on observe dans l'évolution des langues vivantes.

Les trois autres classes des MOTS PRÉCIS : *Verbes, Attributifs* et *Modificatifs* se formeront donc comme suit.

Du Nom   (le VERBE,   en y ajoutant une *voyelle*.
(ou *nombre*) { l'ATTRIBUTIF,   en y ajoutant une *voyelle* plus un **d**.
on dérivera: (le MODIFICATIF,   en y ajoutant une *voyelle* plus un **ꝗ**.

EXEMPLE de FORMATION

Le mot *amour* étant **lov**, nous aurons donc les formes possibles suivantes de *mots précis* (**v** = *voyelle*) :

VERBE ($N + v$)	ATTRIBUTIFS ($N + v$**d**)	MODIFICATIFS ($N + v$**ꝗ**)
lova	**lovad**	**lovaꝗ**
love	**loved**	**loveꝗ**
lovi	**lovid**	**loviꝗ**
lovo	**lovod**	**lovoꝗ**

Il n'en faut pas conclure que *forcément* tous les mots précis formables de la sorte seront établis, mais seulement que tous *pourraient* l'être, si le *bon sens* le permettait ou si la nécessité de l'expression d'une pensée l'exigeait.

Cette formation *absolument régulière* apporte un avantage considérable dans l'acquisition du vocabulaire du **B** : la faculté *d'oublier toute notion verbale, adjective ou adverbiale*, puisque, à l'aide des quelques règles exposées, les traductions de ces notions peuvent être établies *instantanément* par l'addition d'une désinence.

RÉSUMÉ des VARIATIONS des MOTS PRÉCIS

On a constaté à la GRAMMAIRE que, dans le passage des mots *précis* de l'*état naturel* aux divers *états formels*, toutes les variations subies sont déterminées par un seul et unique procédé presque *mécanique :*

L'ADDITION D'UN SON VOCAL au commencement ou à la fin du *Nom* dont la contexture subsiste toujours *intégralement* quelle que soit la nature de la variation apportée au sens initial.

SYNTAXE

ALPHABET

I. — Si la prononciation de la lettre **ų** semble trop DIFFICILE comme elle est indiquée à l'alphabet, « *tche* », on peut sans inconvénient dire : « *che* ».

II. — Ne pas oublier que tout mot terminé par une consonne se prononce comme s'il existait un *e muet* final.

Exemple : **man**, *homme*, se prononce comme le graphisme « *mane* » en français.

III. — Il est recommandé de mettre un *petit trait*, sous la PREMIÈRE LETTRE D'UN NOM PROPRE commençant une phrase, afin que le lecteur sache qu'il s'agit d'un nom propre et non d'un substantif commun qui prend également une *majuscule* au début de la phrase.

IV. — Dans le FÉMININ DES NOMS PROPRES la majuscule persiste à la 1ʳᵒ lettre du mot au masculin. Ex. : *Une Parisienne*, **an uParisan.**

V. — Il sera presque inutile d'employer le POINT D'INTERROGATION et le POINT D'EXCLAMATION ; en effet, la présence de certains *mots cadres* ou du *vocatif* suffisent à indiquer les modalités que ces signes de ponctuation servent à préciser.

VI. — Si l'on veut ABRÉGER un mot, il faut tracer un *trait oblique* après le mot abrégé. Ex. : un mot tel que « exemple », abrégé en **B** s'écrirait : « ex/ ».

VII. — RÈGLES DE FIXATION DES SYLLABES. — Les syllabes sont toujours déterminées en **B** comme suit :

1ʳᵒ Règle. — Dans tout mot commençant par une CONSONNE, la *première syllabe* se termine toujours à la consonne précédant la *deuxième voyelle ;* la *deuxième syllabe* se termine toujours à la consonne précédant la *troisième voyelle* et ainsi de suite.

Ex.: **spiloru ;** 1ʳᵒ syllabe : **spil ;** 2ᵉ syllabe : **or ;** 3ᵉ syllabe : **u.**

2ᵉ Règle. — Dans tout mot commençant par une VOYELLE, la *première syllabe* du mot est constituée *uniquement* par cette voyelle ; la détermination des autres syllabes s'effectue suivant *la 1ʳᵒ Règle.*

Ex.: **uspiloru ;** 1ʳᵒ syllabe : **u ;** 2ᵉ syllabe : **spil** ; 3ᵒ syllabe : **or ;** 4ᵉ syllabe : **u.**

Corrollaire : D'après les règles de formation et de variations (*V.* p. 35), tout mot commençant par une voyelle, étant à l'*état formel*, il faut retrancher cette première voyelle pour arriver à la 2ᵉ syllabe qui constituera la *racine* du mot (*V.* p. 56, *Décapitation.*)

3ᵉ Règle. — Les diphtongues étant interdites en **B**, il faudra compter pour *une* syllabe *chacune* des voyelles successives (*V.* p. 3.).

VIII. — PRONONCIATION. — Par suite de l'élimination de l'alphabet de tout son « imprononçable » par l'ensemble des nations civilisées, grâce à l'établissement des *doubles consonnes*, les « malentendus » provenant des erreurs de prononciation par des peuples différents sont sensiblement diminuées en **B**.

On a vu (p. 4) que tout *accent tonique* était supprimé et que toutes les syllabes devaient être prononcées avec la même intensité.

Comme dans la pratique il pourrait être difficile à certaines personnes de se conformer à cette articulation, s'il semblait nécessaire d'accentuer une partie d'un mot, il est recommandé de faire porter l'accent tonique sur la *racine* du mot qui se trouve toujours être : ou la *1ʳᵒ syllabe* lorsque le mot commence par une *consonne ;* ou la *2ᵉ syllabe* lorsque le mot commence par une *voyelle.*

La preuve en est faite par les exemples précédents : **Spiloru** et **uspiloru.**

GRAMMAIRE

Ire DIVISION DE LA GRAMMAIRE : **LES MOTULES.**

1re *Partie du Discours.* — **Les Interjections.**

La PLACE des *interjections* dans la phrase est toujours au début de la proposition. Tout mot peut être pris interjectivement; dans ce cas, il constitue à lui seul une phrase exclamative ; il est donc placé *en tête* de la proposition.

2e *Partie du Discours.* — **Les Mots-cadres.**

I. — La PLACE des *mots-cadres* est toujours *immédiatement devant* le mot auquel ils se rapportent.

Ex. : *archevêque*, **pu bisp**; *sous-maître*, **qu mest**; *capitale*, **bu sit**.

II. — PLUSIEURS MOTS-CADRES peuvent se rencontrer l'un à la suite de l'autre, surtout devant un *verbe*. Ils se placent alors dans un ordre d'intérêt croissant, c'est-à-dire que le mot qui intéresse le plus la notion principale doit se trouver immédiatement devant elle.

Prenons un exemple compliqué : « Est-ce que je n'aime pas de nouveau? »
Les idées générales suivantes y sont incluses : l'*interrogation*, la *négation*, le *réflexe* et le *renouveau*.

Le verbe est évidemment « reaimer »; ce qui intéresse ensuite le plus la pensée est la réflexion négative, l'interrogation étant d'ordre secondaire ; et l'on traduira :
Je-est ce que-ne pas-moi-de nouveau-aimer » **me du snu ru lovo**?

Il est évident qu'on rencontrera rarement dans une seule phrase une accumulation aussi grande d'idées générales. Il faut ajouter que si les mots-cadres étaient placés différemment, la compréhension s'effectuerait quand même.

III. — Dans le cas de SUBORDINATION, le mot-cadre est exceptionnellement placé entre les deux phrases. En cas de *négation*, cette dernière notion est toujours incluse dans le mot-cadre de subordination.

Ex. : *Je désire* { *que cela soit;* / *que cela ne soit pas;* }   **me tsiro** { **ku qe sero**, / **knu qe sero** (*que ne cela soit*). }

IV. — L'interrogation affirmative est toujours exprimée par le vocable **du**; L'INTERROGATION NÉGATIVE par le vocable **tnu**.

En cas d'interrogation, l'ordre de la phrase n'es *jamais changé*. Exemples :
J'aime, **me lovo.** Aimé-je, **me du lovo**? N'aimé-je pas, **me tnu lovo**?

V. — En cas d'interrogation dans un pronominal, avec idée de négation, la négation reste dans le mot-cadre indiquant le réflexe. Ex. m'aimé-je pas? La traduction est : **me du snu lovo**? (*je-est ce que-ne me-aime?*) et non : **me tnu su lovo**?

3e *Partie du Discours.* — **Les Connectifs.**

I. — La PLACE des connectifs dans la phrase est la même qu'en français :
Les conjonctions entre les phrases qu'elles relient et *les prépositions* devant leurs régimes. Pourtant, si les prépositions jouent le rôle d'*Adverbes de situation*, elles se placent, comme tous les adverbes, *après le verbe* et immédiatement après.

II. — Pour la TRADUCTION des prépositions, il est utile de bien *préciser* la pensé afin d'employer la préposition **B** appropriée au sens que l'on désire exprimer.

III. — La préposition « *à* » se traduit de diverses manières, suivant le sens y apporté.

Le mot **id** ne signifie que *direction précise*. Ex. : *à lundi*; **id ventag**.

Les autres sens du mot *à* sont rendus ainsi : direction vers, **to,** *vers ;* distance, éloignement, **li,** *jusque ;* enlèvement, extraction, **om,** *de la direction* de ; situation d'état, **in,** *dans ;* fixation indéterminée, **pi,** *pour* ; fixation de temps, **im,** *à telle date,* **sti,** *lors de ;* intervention, aide, **ki,** *avec ;* direction précise, **spi,** *vers.*

IV. — La préposition *à*, DEVANT L'INFINITIF, se traduit par le qualificatif exprimant l'idée *conditionnelle.*

Ex. : *maison à louer,* **dom letad** (*qui peut ou doit être louée,* louable).

V. — La préposition DE, suivant le sens particulier y attaché, se traduit également ment de diverses manières.

1° DE, indiquant une idée de provenance, d'extraction pour ainsi dire tangible, se traduit par les prépositions diverses représentant ces sens : de (**om**), par (**pi**), etc., (et, au besoin, en cas d'incertitude, par le connectif général **io**).

Ex. : Il arrive de la ville. — **Se venko om sit.**

2° DE, indiquant une idée de *génération,* se traduit par le démonstratif **ad,** invariable en genre, qui remplace les mots français *du, de la,* ou par **ade** au pluriel, remplaçant le mot français *des.*

Ex. : La fille du roi, **feg ad reks;** Les enfants des sœurs, **fantu ade saru.**

3° DE, indiquant une idée de *possession,* se traduit par la préposition **of.**

Ex. : La maison de Pierre, **dom of Pierre;** Les pays d'Europe, **lantu of Erop.**

4° DE, indiquant une idée de *composition,* se traduit par la préposition **di.**

Ex. : La maison de pierre, **dom di ston;** la montre d'or, **vads di lor.**

5° DE, indique une idée de *provenance spéciale* et, dans ce cas, le nom propre se met avant le nom commun.

Ex. : Vin de Champagne, acier de Sheffield, dont la traduction sera :
Champagne (ou **qampagn**) **vin, Sheffield** (ou **qefild**) **stils.**

VI. — Par contre, un *certain nombre* de prépositions et de locutions prépositives, ayant à peu près LE MÊME SENS en français, s'expriment en B par *une* seule préposition.

Ainsi, la préposition **ol** traduit à la fois : *auprès, auprès de, proche de, non loin de, à proximité de, vers* (situation), *aux environs de, aux alentours de, dans le voisinage de.*

VII. — De 16 PRÉPOSITIONS DE SITUATION, toutes de forme « *voyelle, consonne* », des locutions prépositives *de direction* peuvent être rapidement formées en ajoutant la voyelle **i** pour indiquer : « *provenance de* » et la voyelle **o** pour indiquer : « *direction vers* ».

Exemples :

ib,	dessus	se transforme en :	**ibi,**	de dessus	**ibo,** par dessus
ou,	dessous	—	**oui,**	de dessous	**ouo,** par dessous
od,	delà	—	**odi,**	de delà	**odo,** par delà
ip,	deçà	—	**ipi,**	de deçà	**ipo,** par deçà
og,	derrière	—	**ogi,**	de derrière	**ogo,** par derrière
ik,	devant ou avant	—	**iki,**	de devant ou d'a-vant	**iko,** par devant
ot,	dehors	—	**oti,**	de dehors	**oto,** par dehors
in,	dedans	—	**ini,**	de dedans (hors)	**ino,** par dedans
op,	en haut (en haut de)	—	**opi,**	d'en haut	**opo,** par en haut
iv,	en bas (en bas de)	—	**ivi,**	d'en bas	**ivo,** par en bas
iu,	contre	—	**iqi,**	de contre	**iqo,** par contre (par opposition à)

Ces mêmes sens peuvent être obtenus dans les prépositions **il,** autour; **ol,** auprès; **im,** en (à telle date); **on,** dès; **os,** après; mais les locutions ainsi formées étant un peu confuses, il est préférable de ne pas les employer.

VIII. — On sait que **io** est le *mot-cadre* servant de PRÉPOSITION GÉNÉRALE; il peut donc toujours s'employer en cas d'embarras, et, par conséquent, même après les attributifs à leurs divers *degrés de signification.*

Ex. : *le plus grand de la ville,* **ikranted of sit,** ou **ikranted io sit.**

IX. — Pour éviter les confusions, il est recommandé de RÉPÉTER les prépositions. Ex. : « *avec mon père et ma mère* » se traduira de préférence par : « *avec mon père et avec ma mère* »

4° *Partie du Discours.* — **Les Désignatifs.**

I. — La PLACE des désignatifs dans la phrase est toujours *devant* le mot auquel ils se rapportent, *sauf les personnels régimes.*

II. — Si *plusieurs désignatifs* sont nécessaires, le *plus intéressant* se place le plus près du nom. (*Voir* remarque suivante.)

III. — La forme UN DE suivie d'un possessif se traduit par le démonstratif suivi du possessif au singulier.

Ex. : un de mes amis, **an mea mik**; c'est-à-dire : *un mien ami.*

IV. — Pour éviter les confusions, il est recommandé de RÉPÉTER les désignatifs. Ex. : « *tes père   mère* » se traduira de préférence par « *ton père et ta mère* ».

RELATIFS ET INTERROGATIFS

V. — Les RELATIFS OÙ, D'OÙ, PAR OÙ, se traduisent par **rea** avec idée de *singulier* et par **rae** avec idée de *pluriel.*

Ex. : *La maison où j'habite,* **dom rea bebro.**
Les villes d'où je viens, **situ rae komo.**

Le sens des prépositions précédant le mot « où » se comprendra suffisamment par le seul contexte de la phrase.

VI. — Les phrases : *Qu'est-ce que ; qu'est-ce qui,* se traduisent par **ka** et la forme interrogative.

Ex. : Qu'est-ce que Dieu? **Ka du sero Div?** Qu'est-ce que cela? **Ka du sero qa?**
Qu'est-ce qui a parlé? **Ka du uspiko?**

VII. — La locution *que de* s'exprime par un adverbe **B**, le mot **keq**, signifiant *combien de.*

Ex. : Que d'hommes! **Keq manu!** Que de femmes! **Keq femu?**
Que d'eau! **Keq vat?**

VIII. — *Qui,* dans le sens de *celui, celle qui,* au commencement des phrases, se traduit par **aq ra** (V. p. 58); dans le sens de *ceux, celles qui,* par **aqe re.**

IX. — La locution *je ne sais quoi* se traduit par : « quelque chose ».

X. — *Quoi que* se traduit par : « quelque chose que » **kva.**

XI. — Il faut considérer les mots relatifs *le, la, les,* comme des personnels; ils se traduisent en **B** par les *Personnels.* Exemples :

Êtes-vous Marie? Je *la* suis.   Traduction en **B** : **me sero la.**
Êtes-vous les héritiers? Nous *les* sommes.   —   **ne sero ba.**
  Par contre, le mot *le* « explétif » ne se traduit pas. Exemples :
Êtes-vous marié? Je *le* suis.   Traduction en **B** : **me sero.**
Êtes-vous maîtresse de ce logis? Je *le* suis?   —   **me sero.**
Êtes-vous héritiers du défunt? Nous *le* sommes.   —   **ne sero.**

XII. — *Que,* pronom relatif, se traduit en **B** par les sens qu'il remplace en français, c'est-à-dire, si la phrase contient le sens :

Lequel ou *laquelle* ou *lequel* (neutre), la traduction est **ra.**
Lesquels ou *lesquelles* ou *lesquels* (neutre), la traduction est **re.**

Ex. : L'homme   que je vois : **man   ra me miro** (homme, lequel, je vois).
Les hommes que je vois : **manu re me miro** (hommes, lesquels, je vois).

XIII. — Dans les autres cas, il faut traduire par la conjonction que : **ko.**
Pourtant, si le sens est tellement clair qu'il puisse se rendre instantanément par « *de qui* » ou « *à qui* », on emploiera alors les relatifs à leur cas de déclinaison avec les nombres différents suivant le sens.

Ex. : C'est à toi que je parle : **qe sero ata ara me spiko** (à qui, je parle).
C'est à vous, messieurs, que je parle : **qe sero aga, soru, are me spiko.**

INDÉFINIS

XIV. — ON, L'ON. Ces mots se traduisent, en général, par le mot. . . . **sta.**
Les locutions : *ce qu'on, ce que l'on* se traduisent par. . . . . **ska.**
     —   *tout ce qui, tout ce qu'on* se traduisent par . . . . . . **mna.**
Dans le sens de « quelqu'un de précis » *on* se traduit par le mot « quelqu'un » **kla.**

XV. — AUTRUI, D'AUTRUI, A AUTRUI. Ces mots se traduisent tous par **sfa.**
Le contexte de la phrase indique suffisamment le sens exact.

Ex. Ne fais pas à autrui ce que tu ne voudrais pas qu'on te fît à toi-même.
Traduction : **Et nu maki sfa, ska te nu vili ku sta maki ad ete.**

XVI. — CHACUN, CHAQUE. Dans le sens de *toute personne*, la traduction est **tle;** avec signification *distributive*, la traduction est **spa.**

Ex. : *Deuxième pour tout le monde, pour chacun,* **dovem pro tle.**
— *Chaque âge a ses plaisirs,* **spa lag tenki sac plesu.**

La locution « *tant... chaque* » peut aussi se traduire par **spa.**

Ex. : *trois francs chaque,* **spa ter franku.**

XVII. — L'AUTRE, LES AUTRES, se traduisent, comme les indéfinis AUTRE, AUTRES, par les mots **av, ave.**

XVIII. — L'UN, L'UNE, LES UNS, LES UNES, se traduisent par l'article indéfini *un, une,* **an, ane.**

XIX. — QUELQUE, ce mot n'a pas de traduction spéciale.

S'il signifie { « un » / « plusieurs » } { il se traduit par { **an.** / **ske.** }

XX. — MÊME, sous-entendant un pronom, se traduit par le personnel emphatique.

Ex. : *Le roi même m'a dit,* **ese reks usago ama.** Traduction littérale : lui-même le roi a dit à moi.

Dans tous les autres sens adjectifs, *même* veut dire *le même.*

XXI. — LE MÊME, LA MÊME, se traduisent comme « même », par le mot : **am,** LES MÊMES, par ce mot au pluriel, **ame.**

XXII. — TOUT, indéfini, veut dire :

1° *Toutes sorte de choses,* sa traduction est **fte.** Ex. : *tout meurt,* **fte morti.**
2° *Toutlem* — **tle.** Ex. : *liberté pour tous,* **libr pro tle.**

3° *Universalité collective* — **at, ate.** Ex. : *un pour tous,* **van pro ate.**

Lorsque *tout* signifie « tout entier », il se traduit par le qualificatif **toted.**

Ex. : *Tu es tout mon espoir.* **Te sero mea sper toted.**

Lorsque *tout* a la signification de *chaque,* il se traduit par ce mot, **spa.**

Ex. *Tout citoyen doit servir son pays,* **spa lantan oe sarfi sea lant.**

XXIII. — Beaucoup d'indéfinis, *intraduisibles par un seul mot* en français, sont exprimés par un seul vocable en **B.**

Ex. : *Ni l'un, ni l'autre,* **tna;** quelque chose que, **kva.**

XXIV. — Certains indéfinis qui n'EXISTENT PAS en français, mais qui se rencontrent en d'autres langues vivantes, se retrouvent en **B.**

Ex. : *tous deux,* **tve** ; *aucun des deux,* **pfa** ; *quelque chose,* **kra.**

De même, les *indéfinis de quantité* se traduisent tous par un seul mot. (V. GRAMMAIRE, p. 18.)

DÉMONSTRATIFS

XXV. — L'ARTICLE EST SUPPRIMÉ dans les expressions des degrés de comparaison.

Ex. : *Le plus brave du pays,* **ipraved of lant.**

POSSESSIFS

XXVI. — L'ADJECTIF POSSESSIF et le PRONOM POSSESSIF français s'expriment par un seul mot.

Ex. : *mon, ma, le mien, la mienne,* **mea.**

Grâce à la fixation de CONSONNES DISTINCTIVES pour CHAQUE genre, les équivoques résultant des possessifs français n'existent pas en **B.** Exemples :

Leurs fils, en parlant d'hommes, **bea les** ; en parlant de femmes, **fea les.**
Sa nature, en parlant d'un homme, **sea nadr** ; en parlant d'une femme, **lea nadr** ; en parlant d'une chose, **qea nadr.**

XXVII. — La traduction de PHRASES SIMILAIRES à : *Je me suis cassé la jambe,* se fera par le verbe à la voix active et le possessif. Ex.: **me upreko mea leg ;** traduction littérale : j'ai cassé ma jambe.

XXVIII. — D'après la RÈGLE ABSOLUE du **B** qui interdit la permutation des mots d'une classe avec ceux d'une autre classe, on ne devra pas dire : *le mien* et le *tien,* mais bien : *ma propriété et la tienne.*

La substantivation de « les miens, les tiens », etc., est également interdite. On devra dire : ma famille, tes parents, etc.

PERSONNELS

XXIX. — La PLACE des PRONOMS RÉGIMES est toujours *après* le verbe.
Il faut toujours mettre le *complément indirect* après *l'objet.* (V. p. 50.)

XXX. — SE. Le pronom « se » n'a pas en **B** de traduction littérale.
Si le mot « se » n'implique qu'une notion *accidentelle* de réflexion, il se traduit par le *pronom emphatique.*
Dans la phrase : « elle se donne un coup », le sens est que : « elle donne à elle un coup en ce moment » et non pas... qu'elle « se donne toujours un coup ».
L'on traduira : **le kolbo ad ele ;** littéralement : elle « fait usage de coup » (présent transitoire), elle « donne un coup » à elle-même
Le pronom « se » est remplacé dans la plupart de ses acceptions par les mots-cadres **su, snu,** seuls vocables, employés dans les pronominaux. (V. p. 30).
Lorsque le mot « se » fait passer un verbe de l'actif au passif, il se traduit en **B** par le verbe au passif.
Ex. : « Cela s'est fait à mon insu. » Traduire par : « cela a été fait à mon insu. »
Dans les autres cas, le mot « se » se traduit toujours par : « soi, soi-même, **sma** », ou par les personnels régimes appropriés.

XXXII. — *Du pronom « le » exprimant toute une phrase.*
Dans les phrases où le mot *le* tient la place d'une proposition sous-entendue, il ne se traduit pas, ou alors il faut rétablir la phrase entière.
Ex. : « Va, je ne te hais point ! » — « Tu *le* dois. » Les traductions en **B** seront :

1° Ou : « Tu dois », **Te devo.**
2° Ou : « Tu dois me haïr », **Te devo laslo ma.**
3° Ou, dans ce cas, plus brièvement, avec l'*auxiliaire accessoire* **oe** signifiant : « *devoir, falloir, être dans l'obligation de* », **Te oe laslo ma.**

XXXIII. — *Du personnel prenant la place des indéfinis.*
Le mot « on » remplace souvent en français un pronom personnel ; en ce cas, il faut rétablir le personnel.

Ex. : « On n'est pas des esclaves », c'est-à-dire « *nous* ne sommes pas... ».

XXXIV. — *Du personnel employé substantivement.*
La règle de l'*incommutabilité* des classes ne permet pas de dire : « le moi », etc.

IIᵉ DIVISION DE LA GRAMMAIRE : **LES GRANMOTS.**

5ᵉ *Partie du Discours.* — **Les Noms et Nombres.**

NOMBRES

I. — La PLACE des nombres dans la phrase est toujours devant le verbe, si le nombre est *sujet;* après le verbe, si le nombre est *objet.*
Les NOMBRES se placent devant les noms auxquels ils se rapportent.

II. — Pour indiquer le RANG ou la DATE, on se sert en **B**, comme en français, des cardinaux. Leur place est la même qu'en français.

Ex. : *Henri IV,* **Enrik far.** — *Quatre Septembre,* **far qepmes.**

III. — Les CARDINAUX DEVIENNENT SUBSTANTIFS lorsque leur expression doit impliquer une signification de substance.

Ex. : en jouant aux cartes : *j'ai tous les dix,* **me tenko ate disu ;**
à la loterie : *tous les quatre* (nᵒˢ 4) *sortent,* **ate faru ksito.**

IV. — L'HEURE est indiquée par les cardinaux de la manière suivante :

L'heure *juste* par les cardinaux au *pluriel.*
La place d'un second nombre cardinal *singulier* indique les minutes.
Jusqu'à la demie, ce second nombre se place après le cardinal au pluriel; à la demie, et *après* la demie, ce cardinal au singulier, — indicateur des minutes, — se place *avant* le cardinal pluriel qui indiquera l'*heure suivante.* Ex. :

trois heures	**teru**	*littéralement :*	les trois.
trois heures dix	**teru dis**	—	les trois dix.
trois heures et quart	**teru dikel**	—	les trois quinze.
trois heures vingt-cinq	**teru doviskel**	—	les trois vingt-cinq.
trois heures et demie	**teris faru**	—	trente les quatre.
trois heures quarante	**dovis faru**	—	vingt les quatre.
quatre heures moins le quart	**dikel faru**	—	quinze les quatre.
quatre heures moins dix	**dis faru**	—	dix les quatre.

Observations. — On peut compter ainsi avec le jour divisé en 24 *heures.*

Ex. : **dovis diloku** veut dire vingt (minutes) *avant* la dix-huitième heure, c'est-à-dire : dix heures moins vingt du soir.

Les deux mots : **met,** *midi,* et **mon,** *minuit,* permettent les traductions courantes :

Ex. : midi moins vingt, **dovis met.** Il est préférable de traduire **dovis didovu,** soit : *vingt les 12.*

Une demi-heure se dira **dovler ;** un quart d'heure, **farler ;** l'heure, **ler.**

V. — Les noms de JOURS et les MOIS sont formés par les cardinaux préfixés aux mots : *jour,* **tag ;** *mois,* **mes.**

Ex. : *Lundi,* **ventag** ; *Mercredi,* **tertag.** *Février,* **dovmes ;** *Mars,* **termes.**

VI. — Les nombres (de même que les noms) servent de RACINES aux autres mots précis du langage.

Par exemple : du mot *un,* **ven,** on peut créer les vocables suivants : **venl,** *être un;* **vened,** unique, **veneq** uniquement. Du mot : *le double,* **dovip,** on peut créer les vocables suivants : **dovipl,** *être le double,* **dovlpeq,** *doublement,* etc.

VII. — Les locutions de forme « UN PAR UN », etc., se traduisent littéralement : **ven pi ven, dov pi dov,** etc.

VIII. — La locution AU TAUX DE... PAR, se traduit par le connectif **sri**, et la préposition *pour,* **pro.**

Ex. : *Au taux de 5 0/0 par an,* **sri kel pro son pro lan** (pour l'an).

IX. — Il est créé des mots spéciaux pour le SYSTÈME MÉTRIQUE.
dek, 10 *fois plus;* **lekt,** 100 *fois plus ;* **kil,** 1,000 *fois plus ;* **mirf,** 10,000 *fois plus,* **des,** 10 *fois moins ;* **sent,** 100 *fois moins ;* **mil,** 1,000 *fois moins ;* **krov** 10,000 *fois moins.*

X. — Les expressions de forme suivantes : DEUX FOIS PLUS, TROIS FOIS PLUS, etc., se traduisent par *le double, le triple,* etc., et celles de forme : DEUX FOIS MOINS, etc., par *la moitié,* etc,.

XI. — Le mot DERNIER, **last,** est à la fois un nom et un ordinal.

XII. — Les mots LE, LA, LES, des adjectifs ordinaux sont compris dans le mot lui-même. Par exemple, les mots « *le premier, la première* », aussi bien que « *premier, première* », se traduisent tous par le seul mot, **venem.**

NOMS

I. — La PLACE du nom dans la phrase est *devant* le verbe, si le nom est *sujet,* et *après* le verbe, si le nom est *régime.*

Le nom, *complément indirect,* se place toujours après *l'objet* (V. p. 50).

GENRE DU NOM

II. — 1° Le mot substantif représente la *collectivité de l'espèce* et non le *masculin.* Si l'on veut indiquer la *masculinité,* il faut mettre devant le nom le mot-cadre **stu,** signifiant « mâle de l'espèce suivante ».

Ex. : **stu bov,** *le taureau,* **stu kval,** *l'étalon.*

2° En outre du *féminin naturel,* il existe en B une formation du féminin appelé « FÉMININ DE CIVILISATION », c'est-à-dire la dénomination de la situation occupée par la femme, si on veut déterminer cette situation par rapport à « *la position sociale du mari* ».

On obtient ce féminin en ajoutant au nom la terminaison absolue **in,** qui a pour signification « l'épouse de ».

Ex. : **reks,**   le roi;   **reksin,**   la reine.
      prins,   le prince;   **prinsin,**   la princesse.
      doktor, le docteur ;   **doktorin,** madame la docteur (une telle).
      panost, le boulanger (patron) ; **panostin,** la boulangère (femme du patron boulanger).
      panist, l'ouvrier boulanger; **panistin,** la boulangère (femme de l'ouvrier boulanger).

Cette règle permet de faire la distinction entre une « femme médecin » qui sera **umedsor** et la femme d'un médecin qui sera **medsorin.**

Un mot fait exception : « reine régnante » se dira **kvin** au lieu de **ureks.**

On sait que pour remplacer toutes les FORMULES DE POLITESSE ET RESPECT, *Votre Altesse, Votre Majesté, Votre Excellence,* etc., on emploie le mot-cadre **vu.**

Ex. : A Sa Majesté l'Empereur Nicolas II, **Id vu ksar Nikolas II.**

3° *Trente* noms ont *deux* expressions pour indiquer *une* même situation selon le *sexe*. Ce sont tous des sens se rapportant à des relations familiales ou sociales.

LISTE *des Noms* ayant une DOUBLE expression :

mari, époux,	**spos**	épouse,	**vab**
père,	**per**	mère,	**mer**
fils (en général),	**les**	fille (enfant en général),	**feg**
fils de 1 à 5 ans,	**beb**	fille de 1 à 5 ans,	**bab**
fils de 5 à 15 ans,	**nin**	fille de 5 à 15 ans,	**nan**
fils de 15 ans et au-dessus,	**mab**	fille de 15 ans et au-dessus,	**dat**
frère,	**rer**	sœur,	**sar**
oncle,	**lonk**	tante,	**tant**
cousin,	**pemb**	cousine,	**pamb**
neveu,	**nof**	nièce,	**nes**
pupille (un),	**sles**	pupille (une),	**sfeg**
parrain,	**peratr**	marraine,	**meratr**
filleul,	**lesatr**	filleule,	**fegatr**
homme,	**man**	femme,	**fem**
enfant mâle,	**kint**	enfant femelle,	**kent**
adolescent,	**dols**	adolescente,	**dals**
jeune homme,	**qov**	jeune fille,	**qav**
vieillard,	**tvek**	vieille femme,	**tvak**
garçon,	**knab**	fille (en général),	**gerl**
célibataire,	**qolt**	vieille fille,	**qalt**
veuf,	**vef**	veuve,	**vav**
orphelin,	**lorf**	orpheline,	**larf**
homme divorcé,	**vers**	femme divorcée,	**vars**
fiancé,	**prom**	fiancée,	**pram**
homme marié,	**mrot**	femme mariée,	**mrat**
(un) parent,	**prent**	(une) parente,	**prant**
jumeau,	**tvin**	jumelle,	**tvan**
monsieur,	**sor**	madame,	**mam**
monsieur (noble),	**sir**	madame (noble),	**dam**
(en s'adressant à) un jeune homme	**mos**	(en s'adressant à) une jeune fille,	**mis**

III. — Pour indiquer L'HABITANT D'UN LIEU, ajouter aux noms propres la terminaison absolue **an,** quelle que soit l'orthographe adoptée pour les noms propres.

Ex. : Français, **Franecan** ou **Fransan.**

IV. — MANIÈRE D'EXPRIMER LES RELATIONS DE FAMILLE.

1° : *Parenté naturelle.*

Au *second degré,* redoubler les deux premières lettres du mot.

Ex. : *Père,* **per;** *grand-père,* **peper.** — *Fils,* **les** ; petit-fils, **leles**

Au *troisième degré et aux suivants,* préfixer le cardinal au nom de famille.

Ex. : *Arrière-grand-père,* **terper.** — *Arrière-arrière-petit-neveu,* **farnef.**

2° : *Parenté créée par le mariage, par la loi.*

Préfixer le mot *loi,* **lek,** aux noms de famille.

Ex. : *Bru,* **lekfeg.** — *Tante* par alliance, **lektant.**

3° : *Indication du côté de l'alliance.*

Suffixer le mot *alliance,* **lel,** au nom de celui par qui l'alliance est survenue.

Ex. : *alliance du côté du mari,* **sposlel.**

4° *Indication complète de la parenté* par les deux dernières règles :
Mettre le nom de l'alliance devant le nom de la parenté créée par la loi.

Ex. : *Beau-père, père de l'épouse,*   **vablel lekper.**
Beau-père, père du mari,   **sposlel lekper.**
Beau-père, mari de la mère,   **merlel lekper.**

De même pour les relations les plus lointaines.

Ex. : *arrière-arrière-petite-nièce du côte maternel,* **merlel farnes**

6ᵉ *Partie du Discours.* — **Les Verbes.**

I. — La PLACE du verbe dans la phrase est toujours entre le sujet et l'objet.
Un verbe ne peut donc JAMAIS se trouver au *commencement* d'une phrase.
La *voyelle finale* du verbe servira de *point de repère* pour la division de la proposition; tous les vocables *précédant* le mot verbal appartiendront au *sujet* et tous les vocables qui suivent le mot verbal concernent les *régimes*, sauf deux classes de mots qui se rapportent également au verbe et dont la *place* dans la phrase est la suivante :

1° : les *mots-cadres* qui *précèdent immédiatement* le mot verbal.

2° : les *modificatifs* qui *suivent immédiatement* le mot verbal.

II. — Quelles que soient ses VARIANTES, la *place* du verbe *ne change pas.*

EXEMPLES de : *négation, exclamation, interrogation* positive et négative.

me		**lovo**	j'aime.
em		**lovo**	aimé-je! moi!
me	**nu**	**lovo**	je n'aime pas!
em	**nu**	**lovo**	n'aimé-je pas! moi!
me	**du**	**lovo**	est-ce que j'aime?
me	**tnu**	**lovo**	est-ce que je n'aime pas?

III. — Vu la règle de l'INCOMMUTABILITÉ des parties du discours, un mot verbal ne peut jamais être employé pour un nom.
On ne dira pas « *le boire et le manger* » mais bien « *la boisson et la nourriture* ».

7ᵉ *Partie du Discours.* — **Les Attributifs.**

I. — La PLACE des attributifs dans la phrase est toujours *après* le nom auquel ils se rapportent.

Ex. : *Une belle maison,* **an dom beled.** *Un homme beau,* **an man beled.**

II. — Vu la règle de l'INCOMMUTABILITÉ des parties du discours, un mot attributif ne peut prendre ni la place d'un substantif ni celle d'un adverbe.
On ne dira pas « *le propre de l'homme* », mais bien « *la nature de l'homme* ».
On ne dira pas « *chanter haut, courir vite, parler fort* », mais bien « *chanter hautement, courir vitement, parler fortement.* »

III. — Par exception, les qualificatifs DÉRIVÉS des noms propres pourront être employés *substantivement;* dans ce cas, ils gardent la majuscule et leur traduction par le substantif est placée *devant* le nom auquel ils se rapportent.

Ex. : *La vie parisienne,* **lif parisaued,** ou, **Parisan lif.**

8⁰ *Partie du Discours*. — **Les Modificatifs.**

I. — La ᴘʟᴀᴄᴇ des modificatifs dans la phrase dépend de la nature du mot qu'ils modifient.

1⁰ Si le modificatif isolé se rapporte à un *verbe*, il se met toujours *après et immédiatement après* le mot verbal. (*V*. p. 46.)

2⁰ Si le modificatif isolé se rapporte à un *qualificatif* ou à un autre *modificatif*, il se met *immédiatement avant* ces mots.

3⁰ Si le modificatif a des régimes, il se place également *avant* eux.

II. — Un grand nombre de ʟᴏᴄᴜᴛɪᴏɴs ꜰʀᴀɴçᴀɪsᴇs pourront être traduites en **B** par un simple modificatif.

Ex. : *Expédie par chemin de fer*; **et speto relcq** (*chemin de fèrement*).

De même, par extension de sens, les *locutions adverbiales commençant par* ᴇɴ et par ᴀ pourront souvent être traduites par l'adverbe avec idée conditionnelle, dont la terminaison est **aq**.

Ex. : *En chemin de fer,* **relaq**; *à âne,* **donkaq**; *à pied,* **fotaq**.

III. — ᴍᴀʀɢᴜᴇʀɪᴛᴀᴛɪᴏɴ ᴅᴇs ᴀᴅᴠᴇʀʙᴇs ᴅᴇ ᴄᴏᴍᴘᴀʀᴀɪsᴏɴ.

Il faut remarquer que les adverbes de comparaison sont eux-mêmes soumis à la *Règle de la marguerite* :

Ex. : Énormément plus,   **ipliq**   Énormément moins,   **ileq**.
    Beaucoup plus,   **epliq**   Beaucoup moins,   **eleq**.

IV. — Vu la règle de l'ɪɴᴄᴏᴍᴍᴜᴛᴀʙɪʟɪᴛé des parties du discours, l'adverbe ne pourra être employé substantivement.
On ne dira pas « *le tantôt* » mais « *l'après-midi* » ; ni le « *tant pour cent* », mais le « *pourcentage* ».
Des expressions telles que le « dessus » d'une table, les « dessous » d'une affaire seront traduites en ʙ par des ɴᴏᴍs exprimant ces significations.

V. — On a vu à la ɢʀᴀᴍᴍᴀɪʀᴇ que ᴅᴇᴜx adverbes : **si**, ᴏᴜɪ, et **no**, ɴᴏɴ, ont exceptionnellement l'aspect des connectifs.
Ces formes ont été conservées par suite de l'internationalité de ces vocables et parce qu'il fallait avoir deux mots très-brefs pour traduire ces deux expressions employées à tout instant.

IDIOTISMES. — C'est par une *double traduction* que les idiotismes français seront rendus en ʙ : 1⁰ exprimer l'idiotisme par des mots français plus explicites ; 2⁰ traduction en ʙ de ces nouveaux mots.

Ex.: « *avoir l'air* » qui veut dire « *paraître* » ou « *ressembler à* » sera rendu en ʙ par celle de ces deux expressions qui aura déjà *traduit en français* un des sens de l'idiotisme « *avoir l'air* ».

———————

La seule règle qui reste à étudier est celle de *la margueritation,* nouvelle sorte de variation créée dans ʟᴀ Lᴀɴɢᴜᴇ Bʟᴇᴜᴇ.

RÈGLE DE LA MARGUERITE

On a déjà étudié le fonctionnement de la MARGUERITATION appliquée dans les degrés de signification des *qualificatifs* et des *modificatifs*. (*V.* p. 32 et 34.)

Dans les *notions abstraites* comprises dans les vocables : *substantifs et verbaux*, cette même règle de variation permet de *moduler* la pensée et d'exprimer rapidement les INTENSITÉS à donner à chaque mot.

Je rappelle qu'il s'agit de la *préfixation des Interjections* **a**, **e**, **i**, **o**.

Dans les *Qualificatifs* et *Modificatifs*, cette margueritation peut servir non seulement aux degrés de comparaison, mais encore, au besoin, à *l'expression d'intensités différentes*. Ainsi :

iloved	qui veut dire	le plus aimé	pourra aussi vouloir dire	*extrêmement aimé.*
cloved	—	plus aimé	—	*beaucoup* ou *très aimé.*
oloved	—	moins aimé	—	*peu aimé.*
aloved	—	le moins aimé	—	*pas du tout aimé.*

Grâce à la Margueritation, on peut de même exprimer dans les *noms* et dans les *verbes* toute une série de sensations. Les expressions ainsi formées sont peut-être quelque peu vagues, mais elles permettent d'indiquer *rapidement l'intensité* de la pensée et peuvent souvent suppléer à l'ignorance ou à l'oubli du mot exact. Par exemple avec le substantif **lov**, *amour :* on peut avoir les formations suivantes :

ilov	qui, décomposé, veut dire	*paroxysme-amour*	peut signifier :	*idolâtrie.*
clov	—	—	*exubérance-amour*	— : *passion.*
olov	—	—	*penchant-amour*	— : *penchant.*
alov	—	—	*manque-amour*	— : *indifférence.*

On peut former ainsi les *verbes* **ilovi**, **elovi**, **olovi**, **alovi** avec toutes leurs formes temporelles et les *attributifs* et *modificatifs* dérivés.

Il ne faut pas oublier que cette margueritation est *toute facultative* (1); que les sens ainsi formés se trouveront parfois exprimés au Dictionnaire par un seul *mot simple ;* il faut surtout se rappeler qu'elle ne s'applique qu'à des *notions abstraites*.

Il existe en effet deux *terminaisons secondaires* **as** et **et** pour indiquer les *dimensions physiques* (*V.* p. 52). Exemple :

Spon, *cuiller ;* **sponas**, *louche ;* **sponet**, *petite cuillère, cuillère à café.*

Si l'on veut se rappeler facilement le fonctionnement de MARGUERITATION, il faut se souvenir du « *jeu de l'effeuillement de la Marguerite*», avec son refrain monotone : *pas du tout, un peu, beaucoup, passionnément.*

---

(1) Dans les degrés de comparaison des *attributifs* et des *modificatifs*, cette règle doit pourtant être considérée comme *obligatoire*. En effet, si l'on peut traduire ces degrés de comparaison par les *adverbes*, il n'en est pas moins vrai que la règle à observer sera la MARGUERITATION, qui apporte une *précision* très grande et qui donne à la LANGUE BLEUE une *concision* remarquable.

ÉTUDE DE LA PROPOSITION

La IV° RÈGLE-BASE du **B** est la suivante : **une phrase, une construction.**

Ce qui veut dire que chaque type de phrase aura toujours *une seule* et *même* contexture.

Bien que l'obligation d'exprimer toutes les propositions dans un ordre rigoureux soit une contrainte un peu pénible pour l'esprit de l'orateur ou de l'écrivain, cette prescription me semble d'une nécessité absolue dans un langage international.

Les inconvénients que cette obligation d'ordonnancement présente dans l'émission des pensées sont amplement compensés par la facilité de compréhension apportée à l'interlocuteur ou au lecteur par cette rigidité de construction des phrases.

La facilité apportée à l'intelligence d'une proposition par chaque mot *isolé,* — qui possède déjà un **aspect** spécial en raison de la classification rigoureuse du discours, — est encore redoublée par la *place,* pour ainsi dire immuable, occupée par *chacun* de ces mêmes mots si l'on considère ses rapports avec les autres vocables de la phrase.

De plus, on comprend aisément que cette *place fixe* de chaque mot contribue à l'intelligence du sens des mots *inconnus* d'une phrase si d'autres mots sont déjà *connus.*

Nous venons de voir à la SYNTAXE des Parties du Discours la *place* que chacune des sortes de mots doit occuper dans la proposition.

Il suffit d'en faire la récapitulation pour obtenir tout d'abord la contexture obligatoire d'une phrase simple.

L'ordre invariable de la construction est le même qu'en français :

SUJET. — VERBE. — OBJET.

Ex. : *Le père aime l'enfant,* **per lovo fant.**

Même en cas de *phrases interrogatives,* cet ordre ne varie pas.

Ex. : *Le père aime-t-il l'enfant ?* **per du lovo fant ?**

On a constaté dans la SYNTAXE que les *places* des mots constituant les *autres* parties du discours avaient été fixées comme suit :

Le DÉSIGNATIF *avant* le nom, l'ATTRIBUTIF *après* le nom, et le MODIFICATIF *après* le verbe auquel ils se rapportent.

Ces seules règles connues, une phrase assez compliquée peut déjà être construite.

Ex. : *Co pòro aime beaucoup son enfant malade,*
Aŋ per lovo moŋ sca fant lalged.

Dans cet exemple, la construction est la même qu'en français ; mais, contrairement à ce qui se passe dans toutes les langues vivantes, elle reste la même dans toutes les variantes, *négative, interrogative* positive ou *interrogative* négative. Exemple dans ce dernier cas :

Ex. : *Est-ce que ce père n'aime pas beaucoup son enfant malade ?*
Aŭ per tnu lovo moŭ sea faŭt lalged (1) **?**
Ce père, est-ce que ne pas, aime, beaucoup, son enfant, malade ?

Nous avons vu également, à la syntaxe des pronoms (p. 42) et des noms (p. 43), que le complément *indirect* se place *après l'objet*.

Ex. : *Je lui donne cette montre.* **Me givo aŭ vads asa** (2).
Traduction littérale : *Je donne cette montre à lui.*

Dans les phrases MULTIPLES, la proposition *principale* est énoncée la première, et la *subordonnée* ensuite, comme en français.

De même qu'en français également, les *incidentes* suivent la notion ou la phrase principale à laquelle elles se rapportent (3).

Il faut se référer à la SYNTAXE de chacune des parties du discours pour tous autres détails au sujet de la contexture de la phrase.

La seule exception à cette rigidité de construction est la place du membre de phrase contenant un *participe gérondif*, que l'on peut à volonté mettre au commencement de la proposition ou, ce qui serait plus correct encore, à la suite de la phrase principale.

Il est recommandé de faire les phrases *les plus courtes possible* et de répéter les *mots sous-entendus* afin d'éviter les confusions.

On peut aussi supprimer très souvent les mots « *Monsieur, Madame* » employés d'une manière surabondante dans les phrases usuelles. Il est possible d'être très courtois sans ressasser inutilement ces interpellations.

---

(1) **On voit** qu'il est inutile de varier la tonalité de la voix dans cette phrase interrogative. La présence du mot **tnu** suffit pour indiquer l'*interrogation négative*.

(2) Si une phrase contient *plusieurs* compléments indirects, on les place dans un ordre d'intérêt *décroissant ;* mais ceci dépend évidemment de l'importance que l'on veut attribuer à l'un ou à l'autre de ces régimes.

Ex. : « Aimé pour son mérite, par toute sa famille et de tous **ses amis** » ou « Aimé par toute sa famille et de tous ses amis pour son mérite », etc.

(3) Voir pages 57-58 les exemples divers de traduction de phrases.

FORMATION DES MOTS

A la fin de la Grammaire (p. 35), au Résumé de la *formation des mots* précis, j'ai démontré la possibilité de créer avec *une seule racine* 12 vocables (verbes, attributifs et modificatifs), au moyen des *terminaisons absolues* **a, e, i, o, — ad, ed, ed, od, — au, eu, iu, ou**.

On a constaté également (p. 24) la dérivation des nombres ordinaux par l'adjonction des *terminaisons absolues* **am, em, om, olt, erl**.

Enfin, à la syntaxe des noms (p. 44), on a étudié deux terminaisons absolues **an** (indication de « l'habitant »), **in** (féminin de «civilisation »).

Soit un total de 20 *désinences* ou terminaisons absolues.

Elles sont dénommées absolues, non seulement parce que tous les vocables **B** ainsi terminés doivent toujours posséder le sens qu'elles fournissent, mais encore parce qu'il sera *absolument* impossible de traduire autrement, en *un seul mot*, les significations apportées par ces désinences.

Par contre, à l'exemple du français (suffixes en *eur*, *aire*, etc.), on possédera en **B** la faculté de former un grand nombre de mots au moyen de *suffixes* n'ayant pas par eux-mêmes de signification propre. Ces *suffixes* seront appelés terminaisons secondaires, parce que, si les vocables (de 2 syllabes *au moins*) terminés par ces *terminaisons secondaires* contiendront toujours le sens apporté par un de ces suffixes, par contre, une signification similaire à celle apportée par l'addition d'un de ces suffixes pourra *également* être exprimée par un mot *simple*.

Exemple : si **kot** veut dire « *action de couper* » et que **il** soit la terminaison secondaire » signifiant « *instrument* », on aura la faculté de forger le mot **kotil**, « *instrument qui sert à couper* », mais cette faculté de création n'excluera pas du vocabulaire des mots tels que : **mesr**, *couteau ;* **knif**, *canif*, qui contiendront un sens analogue (1).

Un grand nombre de notions d'ordre secondaire ne figureront pas au dictionnaire Bolak-Français, puisque l'on peut toujours «fabriquer » aisément ces expressions au moyen d'une *terminaison secondaire*.

Par exemple, avec la seule connaissance du suffixe « **or** » signifiant « *acteur de* », et des noms-souches : **spil**, *jeu ;* **spik**, *parole*, **smok**, *fumée de tabac*, **lir**, *lecture*, action de lire, on « fabriquera » presque mécaniquement des mots tels que : **spilor**, le *joueur ;* **spikor**, l'orateur (celui qui parle) ; **smokor**, le *fumeur*, **liror**, le *lecteur*.

De même, dans les mots qui contiennent la notion de : « endroit où l'on trouve », sens exprimé en **B** par le *suffixe* « **ort** », on obtiendra **panort**, *boulangerie ;* **karnort**, *boucherie ;* **spisort**, *épicerie*, si l'on connaît les noms-souches **pan**, *pain ;* **karn**, *viande*, **spis**, *épices*.

---

(1) En ceci consiste la différence fondamentale entre le **B** et les langues artificielles à système agglutinatif *obligatoire*, où l'on est contraint de « forger » *tous les mots* par addition de suffixes possédant en propre une signification précise.

La notion apportée par chacune des 33 TERMINAISONS SECONDAIRES adoptées est contenue dans un substantif monosyllabique de la LANGUE BLEUE dont la sonorité finale est *similaire* à chacun de ces *suffixes*.

LISTE des 33 Terminaisons secondaires :

La terminaison secondaire :	a une signification de :	Mots du B : (1)	En français :
adr	de la nature de (physique).	nadr,	nature.
ak	fait de, composé de.	mak,	action de faire.
alg	maladie.	lalg,	maladie.
art	partie de, pièce de.	part,	partie, morceau.
ap	qui a rapport à (moral).	rap,	rapport.
as	augmentatif matériel.	mas,	masse.
asl	qui déteste, qui a du dégoût pour (2).	lasl,	haine.
av	qualité, état en général.	sav,	savoir.
ef	effet, résultat de l'action ou de l'état.	lef,	effet.
enk	commencement d'une action ou d'un état.	lenk,	direction
erk	commerçant, qui fait profession	merk,	commerce.
est	en chef, celui qui mène, qui commande.	mest,	maître.
et	diminutif matériel.	ket,	petit d'animal.
ibl	qui aime, qui a du goût pour (3),	bibl,	bible.
ig	qui fait, qui rend.	sig,	victoire.
ik	nom de science (4).	rik,	richesse.
il	instrument.	psil,	instrument.
ir	devenir d'un état et d'une action.	ftir,	futur.
is	multiplication de l'effort, multiplication du nombre.	dis,	dix.
ism	généralité morale, ensemble de caractères.	tism,	caractère.
ist	ouvrier, employé en.	fist,	poing.
it	destination, usage (5).	fit,	appropriation.
iv	contenant, rempli de (6).	kiv,	cuve.
odr	descendant de, qui dérive.	nodr,	naissance.
olb	coup de.	kolb,	coup.
olm	nom d'arbre, d'après fleur ou fruit.	bolm,	arbre.
olv	lieu planté de.	bolv,	boulevard.
or	acteur, celui qui fait (7).	kor,	cœur.
orm	qui a le forme, en forme de.	form,	forme.
ort	lieu où se trouve.	dort,	lieu.
os	terme scientifique en général.	klos,	clause.
osm	généralité physique, ensemble physique.	kosm,	ensemble.
ost	patron, fabricant de.	fost,	patron.

(1) Ces mots ne servent que comme *moyen mnémotechnique*, afin de se souvenir plus aisément des sens apportés par les 33 terminaisons secondaires.

(2) Par extension : qui tue. Ex. : parricide, **perasl.**

(3) Par extension : qui se nourrit de. Ex. : carnivore, **karnibl.**

(4) Par extension : nom de fabrique. Ex. : brasserie, **birik.**

(5) Par extension : qui fait usage de. Ex. : cavalier, **kvalit.**

(6) Par extension : mesure Ex. : poignée, **fistiv,** enjambée, **legiv.**

7) Par extension : celui qui s'occupe de. Ex. : philosophe, **flosfor.**
    celui qui a l'âge de. Ex. : octogénaire, **lokisor.**

ÉTABLISSEMENT DU VOCABULAIRE

Ainsi qu'on peut le comprendre, étant donné l'établissement *préalable* des signes de l'ALPHABET, des Règles d'ORTHOGRAPHE et de STRUCTURE des mots et de la CONTEXTURE spéciale (**Aspect**) de chaque Partie du Discours, il a été possible à l'auteur de dresser le VOCABULAIRE futur de la **Langue Bleue** en entier, sans connaître *un seul* des sens des vocables « fantômes » ainsi évoqués.

Pour déterminer la signification de chacune des « formes » établies ainsi hypothétiquement, il était impossible de suivre une seule et même méthode dans la fixation des sens.

En effet, tandis que, pour la *seconde catégorie du langage*, les GRANMOTS, les « *moules* » hypothétiques se trouvaient être en nombre presque illimité, au contraire, les sens contenus dans la *1re Catégorie du langage*, les MOTULES, ne pouvaient être « coulés » que dans 475 « formes », puisque ces MOTULES devaient tous être représentés par des vocables contenant 1, 2 ou au plus 3 lettres (dans ce dernier cas, la dernière lettre devant même être une voyelle).

Par conséquent, les significations des MOTULES ont été créées, par la force des choses, quelque peu *arbitrairement* (1).

Pour fixer les sens des GRANMOTS, l'auteur a, par contre, tout d'abord recherché dans les langues vivantes quelles étaient les significations apportées par l'expression de phonétismes résultant de l'émission des vocables **B** *hypothétiques* préalablement formés.

Par exemple, en prononçant, conformément aux règles de l'alphabet, l'assemblage de lettres **b-i-b-l**, qui est un des « moules » formé par hypothèse, on obtient le *phonétisme* « bible » et un sens français équivalant à cette audition ; aussi ce même sens sera-t-il conservé dans la LANGUE BLEUE.

Dans les « assemblages » des signes de l'alphabet **B**, ainsi obtenus par un groupement théorique, nombre de « formes » ne donnaient à la lecture aucun « phonétisme » connu.

En se conformant alors aux phénomènes de constriction constatés dans l'évolution de tout idiome, l'auteur a attribué à ces « formes » hypothétiques des significations contenues dans des vocables *plus longs* de langues vivantes.

Exemples : **bolv**, contraction hypothétique du mot français « boulevard » ; de même **stit**, forme resserrée du mot « constitution ».

---

(1) Néanmoins, même dans cette catégorie de vocables, un certain nombre de mots ont été créés en s'inspirant de *phonétismes* existants dans les langues vivantes.

Enfin, en dernier lieu seulement, l'arbitraire est intervenu dans les attributions de sens.

Il ne faut pas oublier que la recherche de ces significations portait uniquement sur les NOMS-SOUCHES (ou NOMBRES) du langage.

En effet, en raison des RÈGLES DE FORMATION déjà formulées, les notions *verbales*, *qualificatives* ou *adverbiales* (1) s'obtiennent par simple *allongement* du mot *substantif*, SOUCHE du langage.

Conséquemment, les NOMS-SOUCHES étant connus, il était inutile de se préoccuper de la possibilité de traduction des VERBES, QUALIFICATIFS ou ADVERBES de QUALITÉ, puisque c'est toujours la *notion substantive* qui constitue le *commencement* de ces mots.

Au moment où l'on veut *émettre* une pensée précise, c'est cette *notion substantive* qui doit être présente à l'esprit : au moment de *traduire* un mot, c'est toujours au moyen de la syllabe *de tête*, qui n'est autre que le NOM-SOUCHE, que l'on doit trouver ce mot au Dictionnaire (2).

Ces considérations démontrent que les RÈGLES de FORMATION étant connues, sauf les MOTULES (environ 400 mots), les seuls vocables du **B** *qu'il soit nécessaire de connaître* PAR CŒUR sont des NOMS (3).

Cette faculté de supprimer tout effort de mémoire pour retenir les autres *notions précises* du **B** est un avantage incomparable dans l'acquisition d'un *langage international* qui veut être *pratique* et « pratiqué » (4).

Il reste maintenant uniquement à montrer comment l'*émission* d'une pensée en **B** ou la *traduction* d'un vocable de la Langue Bleue est facilitée par la méthode proposée.

ÉMISSION D'UNE PENSÉE

La division du langage en deux *catégories*, le souvenir des *Aspects de chaque classe de mots* et la connaissance de quelques *Règles de formation* seront autant de points d'appui qui aideront puissamment à l'expression des pensées.

On procédera donc méthodiquement par une sorte d'analyse machinale dont le processus se trouve détaillé dans l'opération inverse : la traduction d'un texte. (*V*. page ci-après.)

---

(1) Sauf les adverbes simples.

(2) Sauf dans les cas de *margueritation* des mots précis ou de *féminisation* des noms. (*V*. p. 56.)

Dans ces deux cas, il suffira de *décapiter* le GRANMOT de sa voyelle *initiale* pour reconstituer immédiatement le nom-souche, véritable commencement du mot.

(3) Il faut également connaître les *adverbes simples* dont le vocabulaire complet contient environ 100 expressions.

De même 15 *nombres*, qui serviront à exprimer toutes les idées « numérales ».

(4) En français, au contraire, si l'on connaît le mot « *lecture* », par exemple, faut encore se souvenir de nombreuses formes différentes pour exprimer les mêmes pensées avec une idée verbale ou adjective : *lisible, lu, lisant,* etc., et les 34 autres modifications du verbe *lire : lis, lit, lisons, lisez, lisais, lus, lirai,* etc.

* *
*

En plus des Règles de « formation » si simples, au moyen des *Terminaisons absolues* ou DÉSINENCES, et des facilités de « fabrication » de mots,
incluant des idées *secondaires*, que donnent les SUFFIXES ou *terminaisons*
secondaires, je rappelle ici que la **Règle de la Marguerite** permet de
faire varier les sens de tous les substantifs *abstraits* du langage en
leur attribuant des intensités différentes.

Chaque dénomination de notion abstraite est, pour ainsi dire, une
corde sonore dont les quatre degrés de « margueritation » peuvent chan-
ger l'intensité d'expression, de même que les « clefs » d'un violon
peuvent modifier le diapason d'une corde.

Je rappelle également le procédé *abréviatif* de la petite série des
4 mots-cadres : **au, eu, iu, ou**. Un de ces vocables placé devant un
mot indique *rapidement* si le vocable *suivant* est un nom « propre » ;
un nom « technique », un mot de la langue de *l'orateur* (ou de *l'écri-*
vain) ou encore un mot de la langue de *l'auditeur* (ou du *lecteur*).

Cette manière abréviative de s'exprimer empêche que l'oubli ou l'ignorance *d'un seul mot* arrête l'expression de tout un discours ou l'écriture de toute une lettre (1).

Il reste uniquement à montrer comment s'opérera la traduction des
vocables de la LANGUE BLEUE.

TRADUCTION

Pour traduire un terme de la **Langue Bleue**, il faut tout d'abord considérer si l'on est en présence d'un mot de *plus* ou de *moins* de 3 lettres.

Les mots de 1 ou 2 lettres et les mots de 3 lettres finissant par une
voyelle sont des MOTULES.

La seule indication grammaticale que l'on puisse recueillir dans
cette *catégorie de mots* est celle que donne leur *sonorité*, qui classe
tous ces vocables dans une des quatre premières parties du discours.

La finale **e** des mots de 3 lettres donne pourtant encore la notion
de *pluralité*; le Vocabulaire fera le reste.

Les mots de 3 lettres finissant par une *consonne* ou les vocables de
plus de 3 lettres sont des GRANMOTS.

Si le mot est de 3 lettres et qu'il finisse par une consonne autre
que **u**, c'est un NOM-SOUCHE à *l'état naturel*. Il faut en connaître la
signification. On la trouve au Dictionnaire.

---

(1) Dans le même ordre d'idées, en français, on dit souvent le mot « chose »
lorsque le terme précis n'est pas présent à l'esprit.

Si ce mot de 3 lettres finit par **ɥ**, on sait qu'il s'agit d'un *adverbe simple*.

En présence de mots ayant PLUS de 3 lettres, on pourra avoir *immédiatement* un ensemble de notions grammaticales facilitant la détermination du sens.

Dans les mots de 4 lettres, la finale vocale (sauf **u**) indique un *verbe*.
   —   la finale **u** indique un nom au *pluriel*.
   —   une voyelle initiale indique un nom *marguerité*.
   —   l'outil **u** initial indique un nom au *féminin*.

Tous les mots de 5 lettres finissant par **d** sont des *qualificatifs*.

Tous les mots de 5 lettres finissant par **ɥ** sont des *modificatifs*.

Les autres règles des mots de 4 lettres s'appliquent à tous les vocables de 5 lettres et au-dessus.

En outre, les Règles de l'outil **u** et de la MARGUERITE permettent toute une série de déterminations dans les *états formels* de tous les GRANMOTS (mots précis).

Comme on ne trouvera dans le dictionnaire que les NOMS-SOUCHES, qui commencent toujours par *une consonne*, il faudra *décapiter*, — c'est-à-dire enlever la voyelle initiale (*tête du mot*), — tout vocable ayant 4 lettres et commençant par une voyelle, et de même *couper la fin* de tout mot finissant, soit par l'outil **u** ou par une des terminaisons *absolues* ou *secondaires*, pour retrouver au DICTIONNAIRE la *racine*, c'est-à-dire le NOM-SOUCHE.

Un exemple fera mieux comprendre cette recherche :

Uspiloru. — Ce mot n'existera pas dans le vocabulaire **B**.

Décapitons ce vocable : reste **spiloru** ; enlevons l'*u* final, on constate (d'après la règle de fixation des syllabes, *V.* p. 36) que la syllabe finale est **or** ; et, comme **or** est une *terminaison secondaire*, il faut encore retrancher cette syllabe pour arriver au NOM-SOUCHE « **spil** » qui sera inscrit au vocabulaire, traduction : JEU.

Spilor est donc l'*acteur du jeu*, le JOUEUR.

Et, puisque nous savons que l'**u** final indique la « pluralité », et l'**u** initial la « féminité », le mot **uspiloru** est donc la traduction du nom féminin pluriel français : LES JOUEUSES.

EXEMPLES DU VOCABULAIRE

Afin de montrer la physionomie de la *Langue Bleue* et les principes de reconnaissance matérielle des mots, je donne ici :

1° La TRADUCTION de la prière « *Notre père* », dont le texte est universellement connu, ainsi que diverses citations.

2° L'ANALYSE GRAMMATICALE de deux vers de RACINE par *méthode de reconnaissance* d'**Aspect**.

I. — PATER NOSTER : **Nea per.**

Nea   per   ev   seri   iu   sil!   Vea   regn   eq
Notre père, vous qui êtes (toujours) dans le ciel! Votre règne qu'il

komi!   Vea   nom   eq   santigui!   Vea   vil
arrive (vienne)! Votre nom qu'il soit sanctifié (fait saint). Votre volonté

eq   makui   in   sil,   so   ib   gev!   Ev   givi   nea
qu'elle soit faite! dans le ciel, comme sur la terre! Vous! donne notre

pan   taged   ana!   Ev   solvi   nae   fansu   so   ne
pain quotidien à nous! Vous! pardonne nos offenses comme nous

solvo   aqe   re   ufanso   na!   Eq   seri   siq! (1)
pardonnons ceux qui ont offensé nous. Cela! soit (toujours) ainsi.

CITATIONS DIVERSES

Ne fais pas à autrui ce que tu ne voudrais pas qu'on te fît à toi-même.	**Et nu maki sfa, ska te nu vilo, ku sta maki ad ete.**
Chaque âge a ses plaisirs.	**Spa lag tenko sae plesu.**
Tel maître, tel serviteur.	**Ab mest, ab sarf.**
Aimez-vous les uns les autres.	**Ep lova mle!**
Autres temps, autres mœurs.	**Afe timu, afe moru.**
Tous les hommes sont frères.	**Ate manu seri reru.**
Un pour tous, tous pour un.	**Ven pro ate, ate pro ven.**
Connais-toi toi-même!	**Et keni ete!**

---

(1) Pour montrer les avantages de concision apportés par la LANGUE BLEUE, comparons les nombres de mots et de lettres nécessaires en français ou en d'autres langues artificielles avec ceux du **B** dans la traduction du PATER NOSTER.

Il faut ajouter en français les accents et signés orthographiques nécessaires!

	En *volapuk.*	En *spelin.*	En **Langue Bleue.**	En FRANÇAIS.
Nombre total de mots. :	43	47	45	53
Nombre total de lettres :	173	149	143	218

II. — EXEMPLE D'ANALYSE

Celui qui met un frein à la fureur des flots;
Sait aussi des méchants arrêter les complots.

La construction sera la même en **B**, sauf le redressement de la fin du dernier vers : « Arrêter les complots des méchants ».

De plus, pour éviter le sous-entendu, le pronom « *il* » sera répété au commencement de la seconde phrase.

La traduction littérale de ces vers sera donc faite en LANGUE BLEUE sur le texte rectifié prosaïquement comme suit :

Celui qui met un frein à la fureur des flots, IL *sait aussi arrêter les complots des méchants.*

Au ra pon an fren al tsorm ade vevu,
Se savi sou stopi plotu ade vikoru.

EXPLICATIONS ÉTYMOLOGIQUES

Au, ra, an, al, ad, ade, sont des MOTULES créés arbitrairement; néanmoins on peut voir que **an,** *un,* est l'article anglais; **ad** et son pluriel **ade,** rappellent le latin ; et **al,** l'article espagnol ou italien.

Les GRANMOTS, au contraire, sont construits, ainsi qu'on l'a vu dans la théorie du VOCABULAIRE, en tenant compte du PHONÉTISME des mots d'autres langues.

pon,   MISE (action de mettre), rappelle le latin ou l'espagnol *ponere.*

fren,   FREIN, rappelle le français dans *refréner,* le latin *frenum.*

tsorm, COLÈRE, rappelle l'allemand *zorn.*

vev,   VAGUE, FLOT, rappelle l'anglais *wave* (son : *ouève*).

sav,   LE SAVOIR, rappelle le français *savoir* (abrégé).

sou,   AUSSI, rappelle l'anglais *such,* tel.

stop; ACTION D'ARRÊTER, rappelle exactement l'anglais *stop,* « arrê-ter » et le français *stopper.*

plot;   COMPLOT, conspiration, rappelle exactement l'anglais *plot.*

vik,   MÉCHANCETÉ, rappelle l'anglais *wicked,* méchant (abrégé).

ANALYSE GRAMMATICALE

A PREMIÈRE AUDITION comme à PREMIÈRE VUE, avant de connaître une seule des significations des mots constituant cette phrase, on possède toutes les notions *grammaticales* suivantes, *uniquement* par l'**Aspect** des vocables la composant :

1° En ce qui concerne l'*ensemble de la proposition*, nous savons :

Que les verbes se terminant par une voyelle, les mots **au**, **ra** et **se** placés avant chaque verbe, sont les SUJETS des verbes, tandis que les *autres vocables* concernent tous l'OBJET du verbe ;

Que le mot **sóu**, par sa conformation et sa place immédiatement après le verbe, est un modificatif et qu'il modifie ce verbe.

2° Au point de vue grammatical des mots *isolés*, on va constater les facilités apportées par l'**aspect** de ces vocables en les étudiant séparément :

au. . . . est un MOTULE, il contient la lettre *a*, c'est donc un *désignatif*.
Comme il n'est pas terminé par l'**é**, signe du pluriel dans les motules, ce mot est au *singulier*.
Donc **au** est un *désignatif au singulier*.

ra . . . . est de la même catégorie et de la même classe que **au** pour les raisons ci-dessus exposées.
C'est également un *désignatif au singulier*.
Comme il contient la consonne **r**, ce mot est donc *forcément* le *relatif singulier*, c'est-à-dire : QUI (singulier).

poni. . . est un GRANMOT (plus de trois lettres), sa forme dissyllabique et surtout sa terminaison *vocale* indiquent un VERBE. La finale **i** indique que ce verbe est au temps *éternel*. Comme il n'est pas précédé d'un pronom personnel au *vocatif*, il est employé au *mode indicatif* et la 1re ou la 2e personne n'étant pas présente, il est forcément à la 3e personne.
Donc, **poni** est un verbe au temps éternel dérivé du nom-souche **pon** (MISE) au *mode indicatif* 3e personne.

an. . . . . Comme **au** et **ra**, c'est un *Désignatif au singulier*.

fren. . . Ce mot commençant par une consonne et finissant par une consonne (autre que **u** et **i**) est forcément un *substantif*.
L'absence de l'outil **u** à la fin de ce nom montre qu'il est à l'*état naturel* (au singulier).

al . . . . Mêmes observations que pour **an**.
Ce mot est un *démonstratif au singulier*.

tsorm . . Mêmes observations que pour **fren**.
Ce mot est un *substantif au singulier*.

ade . . . Mêmes observations que pour **an**, **al**, avec cette indication supplémentaire de l'**e** final, signe de pluralité.
Ce mot est donc un *désignatif au pluriel*.

vevu . . L'**u** final de ce mot indique *forcément* un *substantif pluriel*.

se . . . . Ce mot est un désignatif. On sait que la forme « *c e* » est consacrée aux Personnels nominatifs. La lettre **s** est la caractéristique de la 3ᵉ personne masculine (Dieu étant pris au masculin). On voit que *forcément* ce vocable est la *3ᵉ personne singulier masculin* au nominatif, soit le mot : il.

savi . . . Mêmes observations que pour **poni**. Ce mot est un verbe au mode *indicatif* (puisqu'il est précédé du pronom personnel *nominatif*) et il est au temps éternel (finale **i**).
Il provient d'un nom-souche **sav** (SAVOIR, SCIENCE).

souq . . . Par sa terminaison caractéristique **q**, ce mot est forcément un modificatif. Cette contexture, dans les vocables de moins de cinq lettres, indique un *adverbe simple*.

stopi . . Mêmes observations que pour **poni**, **savi**, au point de vue du temps (**i**, éternel); mais comme ce mot n'est pas précédé d'un pronom (ou nom) il est au mode infinitif; **stopi** est donc dans cette phrase un infinitif éternel dérivé d'un nom-souche, **stop** (ARRÊT, HALTE).

plotu . . Mêmes observations que pour **vevu**.
Ce mot est un *substantif au pluriel*.

ade . . . Mot étudié plus haut : *désignatif pluriel*.

vikoru . Comme **vevu** et **plotu**, ce mot est un *substantif pluriel*, puisqu'il est terminé par l'outil **u**; mais, en retranchant cette finale, la dernière syllabe est **or**, d'après la règle de fixation des syllabes. (*V*. p. 36).
Dans la liste des terminaisons secondaires (*V*. p. 52), nous avons vu que le suffixe **or** indique « l'acteur ».
Le mot **vikoru** signifiera donc *forcément* « les acteurs » de la notion incluse dans le nom-souche **vik** (MÉCHANCETÉ).

On constate donc l'abondance extrême d'indications fournies par l'aspect des mots *isolés* AVANT même de *connaître aucun de leurs sens*.

On a constaté également les nombreuses notions *grammaticales* apportées par l'étude de la POSITION de ces mots, dans la proposition.

L'ensemble de ces FACILITÉS fournies à l'esprit par la contexture des mots et des phrases constitue le *progrès essentiel* apporté à l'établissement d'un nouveau langage international par la méthode de la **Langue Bleue.**

Cette méthode offre pour la compréhension une simplification tellement grande que l'auteur se plaît à espérer que les peuples civilisés voudront faire bon accueil à ce *nouvel instrument de communication.*

Puisse dans l'avenir, la LANGUE BLEUE permettre aux nations de mieux « s'entendre » !

Puisse-t-elle réaliser la sainte « communion » des peuples en contribuant à la suppression de toutes discussions internationales !

Puisse-t-elle donner à l'humanité la possibilité de croître en sagesse et en raison ; puisse-t-elle la faire plus activement se diriger vers un « meilleur devenir », à l'abri de tous futurs orages, sous un ciel toujours *« bleu »* !

Pour permettre à toute personne se servant du **B** de se faire rapidement connaître de tous, l'auteur de la LANGUE BLEUE, à l'imitation des signes maçonniques, indique les *deux moyens de reconnaissance* suivants :

Pour les personnes *éloignées* l'une de l'autre :

Dans la correspondance, dessiner après la signature le signe ⊕ (une croix dans un cercle), qui rappelle par sa forme la *Marguerite*, une des nouvelles règles du **B**

Pour les personnes en *présence* l'une de l'autre :

Faire le geste suivant : porter l'index et le médium de la main droite, les autres doigts étant fermés, à la hauteur de la joue; poser ces deux doigts à plat sur la joue au-dessous de l'oreille; ce qui devra signifier : j'entends DEUX langues : la *mienne* et la *langue internationale*, La langue Bleue ; « la deuxième pour tous », **dovem pro tle-**

AVANTAGES GÉNÉRAUX DE LA LANGUE BLEUE

La Langue Bleue présente les avantages suivants :

A. — *Dans son principe :*

1° Organe neutre, laissant subsister les langues maternelles.
2° Limitation matérielle des peuples auxquels elle est destinée.
3° Limitation de son emploi dans l'ordre intellectuel.
4° Idiome parlé et écrit véritablement international, ne contenant rien qui puisse empêcher son adoption par tous les peuples.

B. — *Dans sa théorie :*

5° Langue artificielle reposant sur une théorie du langage.
6° Classification rationnelle du langage.
7° Division des mots du langage en deux catégories. Chacune de ces catégories en 4 classes, soit 8 parties du discours.
8° Distinction physique de l'*Aspect* de chacune de ces catégories et de chacune de ces classes.
9° Sens unique pour chaque vocable.
10° Ordre unique dans l'ordonnance de la proposition,

D'OÙ :

11° Compréhension par l'*Aspect :* 1° du mot même ; 2° de la phrase

ET,

12° Moindre effort, par suite de cette compréhension effectuée en deux temps :

    A. — Classification grammaticale instantanée,
    B. — Attribution du sens précis.

C. — *Dans sa pratique :*

13° Absence presque totale d'exceptions aux règles posées.
14° Alphabet *court* et *facile*, composé de signes simples représentant des sons uniques.
15° Alphabet *prononçable* par tous les peuples.
16° Série acoustique des voyelles utilisée.
17° Orthographe aisée. Pas p'accents, pas de diphtongues, pas de doubles lettres, pas de nasales, pas de sons mouillés.

18° Audition égale à vision, — par conséquent : orthographe strictement pho-
    nétique.
19° Suppression de l'*accent tonique*.

D'OÙ :

20° Compréhension toujours obtenue malgré les *différences de prononciation*
    possibles des peuples divers.

D. — Dans sa grammaire :

21° Election dans l'alphabet d'une lettre-outil (**u**), employée uniquement à des
    usages grammaticaux.
22° Contexture ultra-concise des mots vagues.
23° Possibilité d'expression de toute une classe de **mots vagues** par un seul
    vocable.
24° Formation de tous les mots précis par une dérivation *déoeloppante* régulière
    et logique.
25° Genre naturel.
26° Pluriel bien marqué.
27° Déclinaison appliquée à peu de mots.
28° Conjugaison unique.
29° Degrés de comparaison obtenus promptement.
30° Création d'une règle d'intensité : *la Marguerite*, permettant l'émission rapide
    des pensées.
31° Facilité d'acquisition du Vocabulaire, par suite de la possibilité d'ignorer sans
    inconvénients tous verbes, qualificatifs ou adverbes de qualité, réguliè-
    rement dérivés d'une seule classe de mots : les NOMS et NOMBRES.
32° Racines presque toutes monosyllabiques.
33° Etablissement de *terminaisons secondaires* bien déterminées servant à la
    modification des *noms-souches*.
34° Vocables plus courts d'environ 1/3 que dans toute langue vivante.
35° Suppression des mots homophones ou homographes.
36° Aucun isomérisme possible.

E. — Dans ses résultats :

37° Langue suffisamment harmonieuse.

POSSÉDANT LES QUALITÉS SUIVANTES :

38° Concision, — Précision, — Rigidité,

D'OÙ :

39° Clarté.

ET, PAR CONSÉQUENT :

40° Facilité d'acquisition, *but suprême d'une* véritable langue internationale
pratique.

TABLE DES MATIÈRES

Imprimerie Paul Dupont, 4, rue du Bouloi (Cl.) 898.7.00.

PROPAGANDE de LA LANGUE BLEUE

Pour aider à la diffusion de la LANGUE BLEUE, *langage international pratique*, l'auteur fait appel aux hommes de « bonne volonté ».

Un « comité de patronage » étant nécessaire à toute œuvre naissante, l'auteur a pris la liberté d'adresser ses *livres théoriques* à SIX MILLE hautes sommités du monde entier, en les priant de bien vouloir accepter de devenir les PROTECTEURS DE LA LANGUE BLEUE.

Le même titre appartiendra à tout acquéreur du Livre 1.

Toute personne adressant à l'auteur un subside quelconque pour lui venir en aide dans la propagation du nouvel idiome deviendra DONATEUR.

Enfin, le titre d'ADHÉRENT sera dévolu à tout souscripteur du Livre 4 de la LANGUE BLEUE : *Petite Grammaire* et *Premier Vocabulaire* (prix : 5 francs). Cette souscription donnera à chaque adhérent le droit à une inscription de ses nom, prénoms, domicile et profession.

En effet, une LISTE GÉNÉRALE DES PROTECTEURS, DONATEURS et ADHÉRENTS sera dressée et envoyée gratuitement à chacun d'eux, de manière qu'ils puissent faire usage de LA LANGUE BLEUE d'une façon efficace.

Au point de vue UTILITAIRE, le programme du langage proposé est assez intéressant pour que chacun travaille à sa réalisation :

Donner à tous la possibilité de recevoir des nouvelles du monde entier et de les comprendre *sans traducteur*.

Donner à tous la possibilité de parcourir le monde entier et de se faire comprendre *sans interprète*.

Et un IDÉAL plus noble encore peut être atteint, grâce à l'avènement d'un LANGAGE INTERNATIONAL qui, tout en laissant subsister l'*idiome maternel* de chacun, deviendrait l'unique LANGUE ÉTRANGÈRE COMMUNE à tous.

Comment ne pas saisir, en effet, que, de cette *facilité de compréhension* entre individus de nationalités différentes, naîtra forcément une sainte communion de pensées et qu'un profond apaisement dans les relations entre peuples résultera fatalement de cet état d'âme.

Aussi, tous ceux qui prévoient que de nombreuses causes de dissentiment peuvent être ainsi dissipées, tous ceux qui appellent de leurs vœux une pacification dans les esprits, tous ceux qui rêvent d'un meilleur avenir pour la race humaine, doivent-ils prêter assistance à cette œuvre de concorde.

En m'apportant leur concours, tous les hommes animés de ces généreuses pensées contribueront aux progrès de la paix et de l'universelle harmonie AD MAJOREM HUMANITATIS GLORIAM.

Allons vers la FRATERNITÉ, par l'idiome *international*, par le langage *couleur du ciel*, par **la Langue Bleue** !

ÉDITIONS DE LA LANGUE BLEUE

PARIS — 157, Avenue Malakoff, 157. — PARIS

Lib. 1. — **LA LANGUE BLEUE**. Théorie complète.
1 vol. in-8° raisin, 480 pages . . . . **10** francs
Lib. 7. — RÉSUMÉ THÉORIQUE de **LA LANGUE BLEUE**
1 vol. in-8° raisin, 122 pages . . . . **2 fr. 50**

N. B. — *Des traductions en allemand, en anglais, en espagnol et en italien du présent volume*, Lib. 2, GRAMMAIRE ABRÉGÉE de la LANGUE BLEUE, *paraîtront incessamment*

www.ingramcontent.com/pod-product-compliance
Lightning Source LLC
Chambersburg PA
CBHW051243030726
47595CB00003B/1064